*De volta
ao quintal
mágico*

Dados Internacionais de Catalogação na Publicação (CIP)
(Câmara Brasileira do Livro, SP, Brasil)

Buitoni, Dulcilia Schroeder
  De volta ao quintal mágico : a educação infantil na Te-Arte / Dulcilia Schroedes Buitoni. – São Paulo: Ágora, 2006.

Bibliografia
ISBN 978-85-7183-017-2

1. Educação infantil 2. Pagani. Thereza Soares 3. Pedagogia 4. Te-Arte (Escola) I. Título.

06-5434   CDD-370

Índice para catálogo sistemático:
1. Educação infantil 370

www.editoraagora.com.br

EDITORA AFILIADA

Compre em lugar de fotocopiar.
Cada real que você dá por um livro recompensa seus autores
e os convida a produzir mais sobre o tema;
incentiva seus editores a encomendar, traduzir e publicar
outras obras sobre o assunto;
e paga aos livreiros por estocar e levar até você livros
para a sua informação e o se entretenimento.
Cada real que você dá pela fotocópia não autorizada de um livro
financia um crime
e ajuda a matar a produção intelectual de seu país.

DULCILIA SCHROEDER BUITONI

De volta ao quintal mágico

A educação infantil na Te-Arte

EDITORA
ÁGORA

DE VOLTA AO QUINTAL MÁGICO
A educação infantil na Te-Arte
Copyright © 2006 by Dulcilia Schroeder Buitoni
Direitos desta tradução adquiridos por Summus Editorial

Editora executiva: **Soraia Bini Cury**
Assistente de produção: **Claudia Agnelli**
Capa: **Madalena Elek Machado**
Fotos: **Lucas Buitoni e Vera Simonetti**
Projeto gráfico: **Daniel Rampazzo / Casa de Idéias**
Diagramação: **Casa de Idéias**
Impressão: **Sumago Gráfica Editorial**

Editora Ágora
Departamento editorial
Rua Itapirucu, 613 – 7º andar
05006-000 – São Paulo – SP
Fone: (11) 3872-3322
Fax: (11) 3872-7476
http://www.editoraagora.com.br
e-mail:
agora@editoraagora.com.br
Atendimento ao consumidor
Summus Editorial
Fone: (11) 3865-9890

Vendas por atacado
Fone: (11) 3873-8638
Fax: (11) 3872-7476
email: vendas@summus.com.br

Impresso no Brasil

Em memória de meus pais,
Sylvia e Ricardo, que muito me levaram a brincar; a Ademir,
que defende a educação subjetiva; a meus filhos Cássia,
Lucas e Gal, crianças brincantes, adultos criantes.

Therezita Soares Pagani, a criadora da Te-Arte.

Sumário

Prefácio 9

Anos depois... 11

Vamos entrar? 17

Um lugar para brincar.......................... 25

Pedagogia orgânica 37

Um tempo para ação............................ 45

Um tempo para a contemplação 47

Impressões 49

Balão... 55

Jogo de amarelinha 61

Família, o contexto necessário 65

Homem e mulher: a dupla imprescindível............ 69

A diversidade artística e arteira............ 73

A ciranda dos adultos 79

Deixar brincar..................................... 127

Quintais mágicos 135

Água de molhar e fogo de queimar 141

Dedos de tocar e nariz de cheirar 147

Olhos de olhar e ouvidos de ouvir 153

Caleidoscópio 161

O trabalho de brincar, com arte 171

As pessoas de antigamente 181

Os sete sentidos 257

*Bibliografia (relativa a pedagogia,
  principalmente pré-escolar)* 277

Prefácio

Há alguns anos, fui levado até a Te-Arte pela mão da minha amiga Rosely Saião. E aconteceu o deslumbramento dos sentidos. Confesso que, mesmo trabalhando numa escola que ousou provar que a utopia é realizável, não esperava encontrar no Brasil tanta generosidade e responsável ousadia.

Enquanto muitas escolas se convertem ao digital e se vão transformando na vanguarda tecnológica do atraso pedagógico, a Te-Arte permanece pioneira e determinada no recurso à simplicidade. Ali, tudo tem a medida da infância. Por isso, a presença do adulto que educa faz sentido. Na Te-Arte, tudo faz sentido. E apetece voltar a ser criança.

Há escolas onde a reelaboração cultural acontece e as concepções e práticas educacionais se transformam. O Brasil não poderá continuar no desconhecimento do que tem de melhor. Educadoras como a Therezita são razão de esperança num Brasil condenado a acreditar que, pela Educação, há de chegar ao exercício de uma cidadania plena. E eu sinto-me privilegiado por a ter conhecido.

Bem haja a Dulcilia por esta feliz iniciativa, reveladora de que este país não é pobre em exercícios de trabalho intenso e paixão. Importa conhecê-los, resistindo à tentação de lançar novas "modas", ou cair na tentação da "clonagem de projetos". A autora alia à riqueza e sobriedade do discurso descritivo a sensível adesão a uma prática em que também participou. É um testemunho simultaneamente isento e implicado, assente numa crença inabalável na possibilidade de educar de outros modos.

Um provérbio africano diz-nos ser necessária uma aldeia inteira para educar uma criança. Creio que a Therezita possui a intuição dos povos sábios. E, também por isso, fico grato à Dulcilia por ter exposto este maravilhoso projeto e ter aberto a outros olhares um espaço de amor maduro, em que a sensibilidade se reinventa e o impulso criativo ganha raízes, propiciando às crianças a possibilidade de serem mais sábias e mais felizes.

José Pacheco
PROFESSOR DA ESCOLA DA PONTE
VILA DAS AVES – PORTUGAL

Anos depois...

Dezoito anos depois, voltar à Te-Arte é como um feitiço do tempo: lá está a Gabriela, 4 anos, vestindo uma saia de princesa enquanto o Pedro, 2 anos, carrega o tambor, maior que ele, para perto da roda e Ana, 5 anos, entra debaixo do boi-bumbá para dançar ao som do violão de Tião Carvalho. Estamos em 2005, é dia de festa na escola, no entanto poderia ser 1993, 1985, 1977... As mesmas carinhas, olhinhos brilhando, o corpo acompanhando o ritmo, uns sentados, outros dançando e uma garotinha num banco ao lado do velho piano completamente entretida com um livro de histórias. No lado de fora, dois meninos brincam no tanque de areia. Olha lá, aquela não é a Isadora, hoje bailarina na Europa? Essa aqui não é a Madalena, que trabalha como *designer*? Esse é a cara do Ian, que mora em Israel. Aquele parece o André, advogado em São Paulo. Esta lembra a Marina, mas aí é lógico: Marina cresceu, casou e essa loirinha é sua filha, que agora está na Te-Arte. Nossa, reconheço a Adriana, a Camila, a Taís, o Cassiano, o Lucas, a Isabela, o Fernando, a Maria, a Bruna, o Tiago, o Paulo, a Cássia, o Guga, o Nathanael, o Roberto, a Gláucia, a Bia, a Carolina... Como num tempo circular, os sorrisos, as vozes e os gestos revivem as crianças da década de 1970: a mesma necessidade de brincar num espaço com muita terra, plantas, animais, música. Um espaço habitado pela arte, uma arte orgânica que está no desenho, no chute na bola, no lanche coletivo, na história inventada por um adulto, no milho dado para as galinhas, no pé de carambola ou na árvore de Natal feita de sucata.

Só os cabelos brancos denunciam os anos que passaram. Sentada, com algumas crianças em volta e um pequeno no colo, a alma daquele lugar: Therezita, a criadora da Te-Arte, presença forte e afetiva, acompanha a toada de seu velho amigo Tião, músico maranhense que já trabalhou na escola e que agora comparece em ocasiões especiais.

Os adultos – que em outros espaços seriam chamados de professores – mais observam do que interferem. Pais e mães que vieram um pouco antes para ver o final da festa compartilham da alegria espontânea dos filhos. As crianças, afinal, não estavam se "apresentando" para um público; estavam usufruindo de música e dança folclóricas, partes integrantes do cotidiano da escola. Esses pais acreditam que brincar é a principal atividade para uma criança até 7 anos; por isso colocaram seus filhos numa escola em que não há classes divididas por faixas etárias, nem compartimentação de saberes, em que não existem horários separados para aula de música, de esporte, de artes plásticas. As crianças ficam quase sempre ao ar livre, em meio a árvores num terreno bastante acidentado, e vão se incorporando à atividade que mais lhes interesse naquele momento. Há um grande respeito pela necessidade emocional da criança na escolha do que fazer.

Em 1988, publiquei *Quintal mágico* pela editora Brasiliense. Jornalista e professora de jornalismo, com três filhos que estiveram na Te-Arte, senti uma necessidade irresistível de relatar a riquíssima experiência pedagógica que vivenciei. Minha primeira filha começou a freqüentar a Te-Arte nas Perdizes (bairro da zona oeste de São Paulo), em 1977. Meu "instinto" jornalístico me fez recolher depoimentos de professores, conversar com pais, acompanhar os trabalhos de dias comuns e de festas, fotografar, observar, gravar, anotar. Fui estagiária, repórter, às vezes mãe, o tempo todo precisando participar do que acontecia: na Te-Arte não dá para ser só observadora. Vivi cenas simples e complexas. Reuni depoimentos belos e fortes e alguns textos escritos por educadores que diziam quanto um olhar, uma palavra ou um gesto de uma criança havia tocado seu coração e sua mente. Uma antropóloga, transitando entre a Te-Arte e uma aldeia indígena, estimulou comparações que fazem pensar sobre nossos princípios civilizados. Muitos adultos descobriram seus talentos pedagógicos dentro do tanque de areia, debaixo do pé de goiaba ou tocando um tambor.

As mães e pais dos anos 1970 e 1980 se perguntavam muito a respeito de qual seria o tipo de pedagogia mais apropriado para as crianças pequenas. Creche? Parquinho? Jardim-de-infância? Pedagogia mais tradicional, visando à alfabetização ou só um lugar para brincar? Ou era melhor deixar em casa, com a avó ou a babá? Ou fazer uma cooperativa, abrir uma escolinha e poder decidir tudo sobre a educação dos filhos? Eu, por minha vez, procurava um lugar no qual minha filha de 2 anos encontrasse bastante espaço para explorar, um lugar com área verde, um lugar em que pudesse experimentar diferentes linguagens artísticas. Por indicação de uma amiga, Pessia Grywac, cheguei à Te-Arte, no bairro das Perdizes: um sobradinho antigo, um grande quintal em declive, árvores frutíferas, galinheiro, crianças pelos cômodos ou nas áreas externas. Atividade principal: brincar. A Te-Arte fora fundada pela capixaba Thereza Soares Pagani, uma educadora com formação em música e que sempre gostou de cultivar várias formas de arte. Iniciava-se uma viagem de pedagogia, sentimento e sensibilidade, que dura até agora e que se reacende em mim cada vez que passo por aquele portão de madeira.

Volto ao quintal mágico trazendo novamente as vivências das pessoas daquele tempo, combinadas aos olhares mais recentes, que só vêm reforçar a adequação desse trabalho em favorecer o desenvolvimento das potencialidades da criança. O primeiro livro foi escrito em máquina de escrever – elétrica, é verdade; viramos o século devidamente informatizados, plugados ao mundo, mas nossos filhos continuam tendo necessidade de pisar na terra, na areia, de mexer com água, cantar, tocar tambor, dançar. Alguns pais procuram escolas que ensinem informática desde os 2 anos de idade e não se perguntam se isso é mesmo válido nessa fase da vida. Outros, pensando na futura profissionalização, acham imprescindível colocar o filho num jardim-de-infância bilíngüe, ainda que todos na família só falem português. Outros querem aula de balé clássico e de flauta. Até onde vai o desejo dos pais de buscar uma superformação – que eles não puderam ter – e até onde vai o respeito às necessidades do crescimento da criança?

A criança precisa de um ambiente o mais "natural" possível. Natural, aqui, não é uma nostalgia de natureza, o recriar de uma chácara para que a criança tenha contato com plantas e animais. Natural é não ter atividades prefixadas, é não ser obrigado a sentar numa carteira durante duas horas, é poder ficar só olhando, é não precisar ficar dentro da "linha" pintada no piso da sala de aula, natural é brincar com o amigo de 2 e a amiga de 4 anos a manhã inteira, é poder seguir o próprio ritmo.

Volto ao quintal mágico porque acredito que essa pedagogia pode ser multiplicada pelo Brasil afora. Não é apenas o registro jornalístico que me mobiliza. Vivi a experiência com meus três filhos, acompanhei a trajetória de dezenas de outras crianças e comprovei como essa união de natureza, arte, cultura popular e olhar afetivo e atento contribui para uma formação mais humana. Apesar de reconhecer o grande papel de Therezita na formulação e na condução de todas as atividades da escola, penso que muito de sua filosofia poderia ser aplicada em outros espaços.

E quais são os pontos marcantes da pedagogia da Te-Arte? Contato com a natureza, espontaneidade na condução das atividades, inexistência de classes, arte permeando tudo – uma arte multiforme, que passa pelo erudito, pelo culto, pelo artesanato e principalmente pela cultura popular –, muita história sendo contada e representada, muita música, muito jogo, homens e mulheres professores, e inclusão de crianças portadoras de deficiência. Desde os anos 1970, Therezita trabalhava com crianças com Síndrome de Down ou que apresentavam outros tipos de problemas físicos ou mentais, trazendo grandes benefícios a todos os envolvidos. Ela praticava a inclusão quando ainda tal atitude nem se chamava assim. A explicação é muito simples: "Fui educada com inclusão. Na minha infância no Espírito Santo, convivi com crianças e adultos portadores de deficiência. Como tinha facilidade para lidar com eles, foi uma coisa natural trazer essas crianças para a escola".

Convivência, cooperação: adultos e crianças num ambiente que facilita a aprendizagem corporal. Meninas e meninos de diferentes idades se construindo como pessoas. Emoção, sentimento, arte: com terra, fogo, água e ar. Volto ao quintal mágico porque acredito que brincar é um direito da criança.

Vamos entrar?

Um relato sobre uma escola e sobre uma educadora. Uma escola que respira arte, apesar de à primeira vista parecer um simples quintal de casa no interior. Onde está o material de arte? Os lápis e os pincéis, a argila? Onde estão as máscaras teatrais, se o que vemos é muita planta, um chão de terra batida, areia, água? Uma educadora-matriz, auto-educada, que entende demais de criança e que a vida inteira vem insistindo na importância crucial da fase de 0 a 7 anos. São dois organismos complementares, os dois crescendo juntos, moldando-se um ao outro: a Te-Arte, surgida em São Paulo há mais de trinta anos, e a Therezita, ou a Tê, sua criadora e força motriz.

Por que o relato de uma prática pedagógica transmitido por uma jornalista? A idéia surgiu na começo dos anos 1980, após algum tempo de convivência com essa escola (pré-escola? maternal? recreação? ateliê de arte?), que dificilmente se encaixa em rótulos. Era necessário documentar essa cena pulsante, era preciso passar essa experiência adiante. Afinal, pressentia estar diante de uma pedagogia muita preciosa.

Resolvi exercitar meu ofício. A repórter que habita em mim participou do dia-a-dia da escola, permaneceu muitas manhãs trabalhando junto com as crianças, e buscou gravar o mais concretamente a multiplicidade das relações envolvidas. Um adulto parado, só olhando, sem interagir com as crianças, é algo inimaginável naquele universo. Então, minha postura de trabalho também foi mudando, em função do que se desenrolava a minha volta. A cena pedagógica que via provocava uma nova atitude de captação da informação: para registrá-la, eu tinha de vivenciar corporalmente o processo. Também anotava reuniões, fazia entrevistas com pessoas relacionadas a Therezita, gravava depoimentos, enfim, me utilizava das técnicas jornalísticas as mais convencionais. Paralelamente, minha então orientanda Vera Simonetti Racy, fotógrafa e professora de fotojornalismo na PUC-SP, passou a realizar a documentação fotográfica da Te-Arte.

Comecei a escrever sobre a Te-Arte a fim de documentar a pedagogia da qual era testemunha. Essa pedagogia passou a modificar minha escrita jornalística antes mesmo de chegar ao papel. Na matéria de pós-graduação que ministrava à época, formulei a idéia de texto-documentário, e as informações que vinha colhendo sobre a escola de Therezita surgiram como indicação do caminho que devia tomar. Era exatamente o

De volta ao quintal mágico • 19

A entrada convidativa para o quintal mágico.

No portão simples de madeira, a placa entalhada mostra o estilo da escola.

20 DULCILIA SCHROEDER BUITONI

que faria, um texto-documentário sobre a Te-Arte. Continuei pesquisando e angariando material, até que o documentário se configurou como exemplo concreto da tese que defenderia sobre jornalismo e realidade. Esta tese, defendida em 1986, dividiu-se então em duas partes: uma teórica, sobre o poder de documentação do jornalismo, e uma prática, com o documentário. Ana Mae Barbosa, especialista em arte-educação, considerou o material como pesquisa fenomenológica: "O trabalho da Dulcilia não exclui a objetividade, mas inclui e deixa transparentes os elementos subjetivos da análise. Em vez do jornalismo inquisitorial temos uma outra linha, a do jornalismo fenomenológico: entender a experiência e até fazer parte dela para analisá-la e documentá-la".

Para Ana Mae, houve um equilíbrio no livro *Quintal mágico*:

> Um trabalho equilibrando tão claramente objetividade e subjetividade de análise como o de Dulcilia é raro encontrar no mundo acadêmico da universidade, para o qual foi gerado. Este livro foi uma tese, não esqueçam. A objetividade pode ser a pior das subjetividades quando se trata de ver de fora e interpretar o que foi visto com seus próprios padrões sem ser capaz de contextualizar os valores.
>
> Quanto mais envolvido o pesquisador, empatizando com os seus sujeitos ou objetos de pesquisa, mais possibilidade de identificar e entender as suas molduras de referências e valores. O pesquisador qualitativo e/ou fenomenológico não está procurando o certo e o errado, nem o verdadeiro e o falso, nem o bom e o mau, mas o entendimento da situação.

Não há objetividade absoluta nas artes ou nas chamadas ciências humanas. Não somente as pessoas interpretam a mesma coisa de diferentes maneiras, mas também focalizam sua atenção em diferentes coisas. Isto já é subjetividade. O importante numa pesquisa qualitativa como a de Dulcilia é tornar transparente a subjetividade, e isto ela faz muito bem, mostrando o intrincado de sua posição de jornalista documentando o trabalho da escola de seus próprios filhos.

Ana Mae vê a iniciativa de documentar a Te-Arte como resultado do envolvimento que a escola provoca nos pais de alunos: "A empatia de Dulcilia com a escola de seus filhos a ponto de torná-la objeto de suas pesquisas documentárias me parece ser resposta a uma das características da escola que envolve de maneira tão profunda as mães a ponto de algumas se tornarem professoras da própria escola". Ela também salienta:

A idéia do afeto como reflexão e conhecimento, a idéia da auto-organização da aprendizagem sem desordem e principalmente nunca trabalhar no vazio, mas chegar até a trabalhar o próprio vazio.

A não-hierarquização das atividades dos adultos com as crianças é outro ponto que me entusiasma. A professora, "aquela que estudou tanto", também limpa bunda de criança e Etelvina, aquela que tradicionalmente está nas escolas para isso, se torna também professora. Ela está na mesa de barro trabalhando com as crianças e tem muitas vezes o papel de sujeito intermediário afetivo. É com ela que as crianças se fazem à vontade primeiro na escola para depois se ligarem aos outros adultos.

A primeira versão em livro do texto documentário foi lançada em 1988 com o título *Quintal mágico: educação-arte na pré-escola*. A presente edição foi toda reelaborada, com atualização de dados e inclusão de depoimentos e novos capítulos. Dezoito anos depois, já com uma certa distância – meus filhos já são adultos – e a proximidade mantida pelo convívio com Therezita, os professores, as crianças e seus pais, continuo a sentir uma grande necessidade de divulgar uma pedagogia tão viva e orgânica. Uma pedagogia forte, bonita, que faz a criança se conhecer e crescer. Uma pedagogia que desde sempre praticou a inclusão de portadores de deficiência, princípio hoje muito valorizado. Uma pedagogia que planta convivências democráticas e cidadãs, pela atitude de respeito mútuo e pela não-hierarquização de funções. Uma pedagogia que traz uma profunda consciência ecológica, desde quando a ecologia ainda não estava tão presente na discussão política. Uma pedagogia na qual o brincar simples e a arte se confundem. A arte do brincar praticada em todos os momentos, seja observando um besouro, dançando boi-bumbá com um famoso músico do Maranhão, desenhando com giz de cera, comendo uma trouxinha de salada, ouvindo um concerto de violino, jogando futebol, cuidando de um cabrito, olhando a fatia-estrela de uma carambola, seja cantando no aniversário do amigo...

Para esta segunda visita ao quintal mágico, realizei entrevistas com educadores da equipe atual, pais, ex-alunos, antigos colaboradores, além de longas conversas com Therezita.

A primeira escrita sobre a Te-Arte foi resultado de um processo intenso de vivência. Mãe e jornalista: meu olhar e minha escuta se abriram para novas sensações e exigiram mais atenção. Muitas vezes fui uma criança descobrindo um mundo num inseto ou num punhado de areia. Fui sentindo essa arte tão terrena, percebendo aquilo que a Therezita chama de "corpo vivido". Um educador deve passar primeiro as experiências vividas e não só o que leu nos livros, diz ela. Por exemplo, um adulto que fica descalço na areia e anda na ponta dos pés passa a imagem de não estar à vontade, porque não teve o corpo vivido; e as crianças vão imitá-lo. Uma pessoa que consegue andar inteiramente, gostosamente na terra, na areia, na lama, viveu essa experiência no corpo, tem esse corpo vivido, passa outro modelo.

Este trabalho procura mostrar a pedagogia que vivenciei. Lógico, ainda se trata de um texto escrito, porém tenta desenhar as linhas principais e fotografar as pessoas que ajudaram na composição da Te-Arte. Assim, além de Therezita, serão conhecidos vários de seus colaboradores e respectivas idéias. Agradeço a esta educadora-matriz, mestra e inventora do cotidiano, mestra de crianças e adultos, de quem muitas vezes fui aprendiz. Agradeço a todas as pessoas que estiveram ou estão relacionadas à Te-Arte e que, além de fornecer dados valiosos, proporcionaram-me momentos de encontro e amizade. Agradeço a Kurachi, mestre brasileiro e oriental, pelos sábios ensinamentos, hoje saudade grande. Outra saudade, Vilma Sarti, que conheci primeiro como professora e depois como grande amiga. E aos pais e crianças da Te-Arte, pelo convívio. Agradeço especialmente a Massumi Guibu e Gianni, Beatriz e Ílio,

Ana Paula e Luis, pais que participaram de um grupo que se reuniu em 2001 e 2002, propondo projetos para a escola. Este livro é um dos resultados desses encontros, também enriquecidos por pratos da culinária popular brasileira.

Agradeço ainda a Tânia Magaly Aníbal e Flávia Maria Bastos pela ajuda na preparação dos textos que compõem este livro.

Registrando as práticas da escola de Therezita, e as pessoas que fazem parte do seu mapa sensível, mostro minha crença na pedagogia do relato, mais do que na pedagogia do ensaio. O ensaio pode nos convencer, nos levar a raciocinar, contudo ainda é racionalista e distante, principalmente quando se trata de educação de crianças pequenas. E de arte. O relato está mais próximo da vida. O documentário que se segue é um "caderno" de impressões: pode não ter atingido a transparência que buscava, mas foi um esforço contínuo, palavra por palavra, de transmitir uma vivência de corpo inteiro...

Um lugar para brincar

Quem entra no espaço da Te-Arte fica fascinado com a variedade do verde, com os troncos de madeira que sustentam o telhado, com a luz que atravessa a folhagem. Freqüentemente, uma criança pega o visitante pela mão e vai mostrando a escola e aí percebemos quanto ela domina aquele espaço. Em cada canto, uma ou duas crianças, alguns grupos, todos entretidos em diversas atividades que podemos reunir sob o nome "brincar". Alguns estão em volta dos adultos, outros parecem estar sozinhos. A sensação é de uma aparente falta de ordem e de disciplina. Um ambiente um pouco anárquico, embora muito calmo. Aliás, dificilmente as crianças gritam; nunca há aquela sensação de algazarra contínua que ouvimos ao passar perto de uma escola na hora do recreio. Quase sempre o clima é de muita calma, não vemos correrias nem alvoroço. Por quê? Porque o ritmo infantil é respeitado, porque não existe divisão artificial de atividades, com horários impostos, numa imitação de agenda de estudante de ensino médio. Nessa faixa etária, o ser humano não pode ter o tempo compartimentado; ele não está na escola para se "acostumar" com classes, a ficar sentadinho na carteira, preparando-se para aceitar melhor a futura rotina escolar. Rotina "bancária", diria o mestre Paulo Freire. Ele não está na escola para ser treinado; deveria, sim, encontrar um espaço para se autoconhecer.

> A primeiríssima coisa que me marcou ao chegar à Tê-Arte foi o espaço. Aquele frescor, aquele caminho sinuoso, o piso rústico [...] e as crianças, cada uma na sua idade, descobrindo e ocupando essa área cheia de vegetação, criando usos e caminhos, desafios próprios de cada uma. Vi crianças maiores treinando subir em uma corda amarrada a uma árvore, vi uma de um ano e meio descendo as escadas com cuidado, vi outra que nem engatinhava fazendo experiências para alcançar um brinquedo [...].
> Um lugar cheio de possibilidades, mas não dadas, não apresentadas com intenção de serem usadas, mas para serem descobertas! Num primeiro momento, dava realmente a impressão de uma soltura, de um "laissez-faire", mas depois percebe-se uma ordem, uma série de princípios e procedimentos profundamente respeitados pelas crianças e entre elas, e não apenas cobrado pelos educadores.
>
> Mãe

O acabamento é rústico; o espaço, bem arejado.

No painel de instrumentos e ferramentas, a placa bem-humorada.

Na Te-Arte, a criança não tem seu tempo compartimentado nem atividades compartimentadas. Ela encontra espaço para experiências sensoriais, a fim de descobrir as possibilidades do corpo, perceber limites, lidar com suas emoções e afetos.

Therezita sempre fala em **corpo vivido**: a Te-Arte é um lugar para a criança viver seu corpo, para aprender a habitar o próprio corpo. Para isso, utiliza todos os sentidos – os conhecidos e os ainda não nomeados – e experimenta concretamente o duro, o suave, o claro, o escuro, o fraco, o forte. A mão amassa o barro, toca o tambor, segura a galinha, acaricia o amigo, pega o pedaço de melancia, puxa a corda no braço de ferro. O pé mergulha na bacia com água, pisa na terra, pula o barranco, bate no chão acompanhando a música, chuta a bola. O ouvido distingue o assobio, a música do berimbau, a voz do Fábio chamando Seu Barbicha, o grito de atenção. O tronco balança ao som da congada, o bumbum senta na borda do tanque de areia. Os pequenos dormem em colchonetes no canto do salão. Cada um em seu ritmo, vivendo seu momento.

Apesar de sempre ter defendido o processo e não o produto, Therezita acredita ter sido um pouco mais preocupada com o desempenho intelectual das crianças na época da Te-Arte nas Perdizes (a escola mudou-se mais tarde para o bairro do Butantã): "Eu tentava mostrar para os pais como as crianças estavam se desenvolvendo. Hoje eu assumo com todas as letras que a Te-Arte é um espaço só para brincar. Se os pais querem que o filho seja intelectual desde os 2 anos, aqui não é o lugar. Agora, se eles acreditam que brincando a criança aprende e se deixam a criança brincar o suficiente, com 6 ou 7 anos

De volta ao quintal mágico • 29

ela parte para o conhecimento lógico com a maior facilidade". Realmente, nesses anos todos, gerações e gerações não tiveram problemas em se adaptar ao ensino fundamental, mesmo em escolas tradicionais.

Brincando, a criança entende seu corpo, desenvolve relações com outras crianças e com os adultos, domina o espaço. "Ela está aprendendo a ser cidadã", diz Therezita. "Para mim, ser cidadão é gostar de você – se eu me gosto, eu não bato no outro, não como demais, não fico dentro d'água até ficar com a pele enrugada, como se fosse um velhinho. Ser cidadão é se cuidar, é não dedar o colega, é respeitar quando alguém está falando, é respeitar seus próprios brinquedos, guardar de volta depois de brincar. Partindo dele próprio, do espaço que ele ocupa, vai respeitar os objetos, as plantas, os animais, as pessoas. Então, o caminho é gostar de si próprio, saber seus próprios limites, respeitar o outro e os limites do outro. Assim se forma o cidadão para o mundo". Nesse sentido, podemos dizer que temos aí uma poderosa semente de educação democrática. Aliás, no século XXI, está tomando impulso justamente a discussão sobre a escola democrática.

Em posfácio à primeira edição do *Quintal mágico*, Ana Mae Barbosa, professora da ECA–USP, ex-diretora do Museu de Arte Contemporânea e especialista em Arte-educação, caracterizou o trabalho da Te-Arte: "Arte sem hora marcada permeando todo o fazer da criança, que dança, joga com o fogo, brinca e simboliza, nem sequer podemos dizer que é Educação através da Arte, mas Educação-Arte".

O brincar vem sendo muito valorizado também pelo biólogo chileno Humberto Maturana. No livro *Amar e brincar*

—fundamentos esquecidos do humano, escrito com a alemã Gerda Verden-Zöller, Maturana analisa a cultura ocidental e reforça o brincar como a matriz da convivência humana e fundamento de uma democracia mais aperfeiçoada. O lúdico e o afetivo (relações de aceitação mútua entre adultos e crianças) bem trabalhados levarão a uma sociedade mais integrada e solidária. Para os autores, o desenvolvimento de uma criança – tanto como ser biológico quanto como ser social – necessita do contato recorrente com a mãe e com adultos, que passem sempre uma sensação de acolhimento e de aceitação. Escrevem Verden-Zöller e Maturana:

> Portanto, toda criança deve adquirir seu Eu – ou identidade individual social – como uma forma particular de ser em sua corporeidade, mediante o viver numa comunidade específica de mútua aceitação. [...] Numa cultura centrada na produção – como é ou se tornou nossa cultura ocidental –, aprendemos a nos orientar para a produção em tudo o que fazemos como se isso fosse algo natural. Nessa cultura, não fazemos apenas o que fazemos. Trabalhamos para alcançar um fim. Não descansamos simplesmente; nós o fazemos com o propósito de recuperar energias; não comemos simplesmente; ingerimos alimentos nutritivos; não brincamos simplesmente com nossas crianças, nós as preparamos para o futuro.

Dessa maneira, quando interagimos com outros seres humanos, geralmente nossa atenção está mais voltada para as futuras conseqüências do que para aquele momento específico.

De volta ao quintal mágico • 31

Os autores insistem ainda na necessidade de vivermos o **presente** de toda e qualquer relação:

> É nossa orientação cultural para a produção que nos insensibiliza, a cada momento, para o presente. É ela que dirige continuamente nossa atenção para um passado ou um futuro que só acontece no espaço da descrição de nossas expectativas ou queixas fora do domínio de nossas ações num dado momento. Para estar no presente, devemos simplesmente estar no que estamos no momento.

Na Te-Arte, o presente é a referência fundamental. Todos os adultos procuram concentrar-se na atividade que está acontecendo: o que importa é perceber a criança. Desenvolver esse olhar atento e acolhedor é a primeira tarefa de quem pretende trabalhar na equipe.

A relação entre a forma de convivência e a construção da cidadania também foi apontada pela psicóloga social Ecléa Bosi, professora da USP, autora de um belíssimo trabalho sobre memória e velhice. Sensível observadora dos laços sociais que se tecem no cotidiano, ela apontou no prefácio da primeira edição de *Quintal mágico* o desenvolvimento da responsabilidade pelo mundo como uma das características da pedagogia da Te-Arte:

> [...] este *Quintal mágico*, que trata da escola e fantasia, escola e natureza, escola e felicidade.
>
> Quanto mais dilacerado é o campo social, tanto mais forte é a tendência de criar microcosmos. E delimitar um

local, rodeá-lo por muros e nele estabelecer um espaço diferente-melhor que o mundo, onde as relações humanas tenham sentido.

Nesse lugar separado se aprimoram os laços sociais, aprofunda-se o contato com a natureza, enquanto lá fora o espaço público vai se deteriorando entregue à irracionalidade capitalista.

Muitas vezes a escola também é um microcosmo que define um lugar apartado, diferenciado, com traços utópicos.

No quintal mágico de Therezita, Ecléa viu traços utópicos – convivência com a terra, a alegria de recompor o todo e a responsabilidade pelo mundo:

O quintal mágico é a síntese de muitos quintais sonhados, aqueles quintais familiares das crianças do interior. Aqui a criança pode conviver com a terra que no resto do planeta vai sendo recoberta de asfalto e cimento. Aqui a criança encontra a terra, não sufocada e amordaçada, mas como um ser vivo que pode respirar. Um quintal, uma rua de terra, são incrivelmente sedutores.

Na escola que Dulcilia observa não existe a falsa estética de esconder o solo. Ele se mostra diverso e multicolorido, mudando com o sol e com a chuva; o chão tem o quente e o fresco, o áspero e o macio, o alto e o baixo... Dele brota a água e a planta.

Estar inteiro em cada ação, vivenciar corporalmente a sensação, a emoção, o sentimento – na Te-Arte todos procuram essa atitude integradora. Ecléa aponta a importância da experiência de criar algo do princípio ao fim com as próprias mãos: "Talvez as artes plásticas – desde a mais humilde, como modelar um patinho de barro, até uma escultura – sejam tão confortadoras porque as executamos de alfa a ômega, sem delegação de uma parte da obra ao trabalhador manual".

Ecléa faz ainda uma reflexão muito bonita sobre a responsabilidade pelos resíduos que produzimos:

> Você utiliza algo para construir uma obra de arte; você é responsável pelo material usado, pelos resíduos que deixou. Para Gandhi, somos todos limpadores, não devemos delegar a ninguém essa função. Se a criança não lava seu prato ou copo (seria um abalo para a mentalidade burguesa que ela o fizesse na escola), ao menos ela deveria ter consciência de que alguém o faz. Mas ela está acostumada em casa a menosprezar essas tarefas.
>
> Ideal extraordinário seria para a escola criar responsabilidade social pelos resíduos do nosso existir. Em oposição ao que fazem as indústrias que, ao fabricar seus produtos, poluem solo, água e ar.
>
> Que nossa passagem pelo planeta não deixasse rastros de sujeira, de rupturas e não pesasse sobre nosso irmão limpador!
>
> Se os professores revestissem de beleza e dignidade essas tarefas, o aluno tomaria a vassoura com alegria como quem faz um gesto de libertação. Como quem dá o primeiro passo para a abolição da divisão do trabalho.
>
> Se a escola ensinasse tais princípios de respeito à Vida e ao Trabalho, estaria transmitindo mais que uma ideologia.

Os colégios de elite fazem o aluno ler pensadores de esquerda, mas não formam politicamente os jovens, só ideologicamente. A formação ideológica gera discursos, propicia o aparecimento do chamado intelectual.

A formação política – que passa pelo trabalho das mãos – propicia através desse treinamento corporal que também é espiritual o aparecimento do militante.

Ao finalizar, a professora salienta a integração existente na Te-Arte: "Natureza, trabalho, política – dimensões da experiência humana que a divisão social tantas vezes separa – convivem nesse belo projeto de escola".

A relação entre os alunos e os adultos acontece de uma forma que reflete essa filosofia de convívio integrador, como bem explica uma mãe:

> *Da parte dos educadores, a generosidade está em cada gesto, está no olhar atento e presente (porém sem ser controlador ou impositor de ações). Não se observa nenhum controle ostensivo, ditando horários ou condicionamentos para uma uniformização de comportamentos (hora disso, hora para aquilo...), que é muito mais confortável para o adulto controlador do que uma justificativa pedagógica. Sempre moderador, o adulto presente é aquele que chama atenção (quando necessário) para os limites, que existem para que ninguém se machuque, nem seja machucado, para que haja respeito entre todos e, portanto, para que todos se sintam seguros e acolhidos, passo essencial para que tenham "atitude*

de cidadão", palavras compreendidas e usadas sempre, do menor ao maior, com absoluta consciência do significado e da prática.

A palavra "cidadão" é usada por Therezita e pelos professores em muitas ocasiões e não está ligada ao modismo de discursos políticos. Significa respeito para com os outros, com os objetos e consigo mesmo. Ser cidadão é, então, um aprendizado corporal vivenciado. Continua a mesma mãe:

> *Os adultos da escola são como intérpretes de nossos filhos, observadores atentos nas mais diversas situações em que as reações das crianças deixam claro muitos aspectos de suas personalidades em formação, em que alegrias e tristezas são divididas com toda a coletividade, terreno fértil para uma manejo amoroso e eventualmente corretor, trazendo muitas vezes uma luz para nossa compreensão em relação a nossos próprios filhos.*
>
> *A Te-Arte está na contramão de uma tendência das escolas de açambarcar desde o zero até 18 anos. É preciso compreender que, especialmente até os 7 anos, época em que muitas habilidades são desenvolvidas, as crianças precisam de um espaço especial, um tempo especial, um olhar especial e sensível, para ajudar a construir um futuro estudante alegre, curioso, que sabe se concentrar, que sabe aprender e sabe dividir. O que é* *encantador na Te-Arte é que propõe princípios pedagógicos extremamente embasados, porém não engessados, dinâmicos, sensíveis e críticos em relação aos novos e inconstantes tempos.*

O convívio com os bichos no chão de terra batida.

Pedagogia orgânica

Além de mostrar o dia-a-dia da Te-Arte e apresentar os pontos que fundamentam sua pedagogia, este livro apresentará as falas dos colaboradores que foram sendo conquistados por essa maneira tão sensível de conviver com a criança. Este livro trará muitas vozes. Todas as pessoas que ali trabalham ou trabalharam têm uma história muito particular sobre a verdadeira "iniciação" que foi o começo de cada um naquele espaço. Therezita é dona de um olhar apuradíssimo que percebe se alguém vai conseguir lidar bem com as crianças, às vezes antes mesmo de qualquer atuação concreta. Ela leva as pessoas a descobrir talentos de que nem suspeitavam. Alguns colaboradores nunca haviam trabalhado com crianças antes de pisar na Te-Arte e Therezita colocou-os no "fogo" sem explicar nada, só dizendo: "vai lá e dança com elas" ou "você é um velhinho mágico, conta uma história para o grupo que está no campinho" ou ainda "troca a fralda deste menino". Não há exclusividade nem hierarquia de tarefas; todos podem ser convidados a fazer isto ou aquilo, todos colaboram em todas as atividades da escola. Se algum profissional está fazendo estágio, jamais ficará apenas observando, ou anotando: ele tem de participar ativamente do que acontece a seu redor.

Muitas das mulheres que fizeram ou fazem parte da equipe da escola foram, primeiro, mães de alunos. Therezita tem uma grande capacidade de agregar pessoas de diferentes formações em torno de sua pedagogia. Assim, antropólogas, veterinários, biólogos, além de profissões mais próximas como fisioterapeutas, professores de educação física, pedagogos, psicólogos, músicos, arte-educadores, bailarinos etc.

Maria Vilma Sarti Ferreira, a Vilma, foi uma dessas mães que virou professora, desempenhando um papel fundamental na pedagogia da Te-Arte e na transição das Perdizes para o Butantã. Durante muito tempo, ela foi o braço direito de Therezita. Fisioterapeuta formada pela USP, com passagens por clínica, pela AACD (Associação de Assistência à Criança Deficiente), pela Apae (Associação de Pais e Amigos dos Excepcionais) e com estágios na França, ela pôde exercitar seu lado de educadora. "Fiquei uma fisioterapeuta muito ligada à educação. No fundo, eu achava uma grande limitação na fisioterapia; intuitivamente eu já não fazia só o adestramento, procurava trabalhar a *relação* com a criança. Fui aprender com

A travessia que estimula a coragem e o equilíbrio.

a Raman, na linha de psicomotricidade, porque as técnicas fisioterapêuticas não me satisfaziam. Tive colega que me disse: não me conformo como você está trabalhando numa escola, com toda a formação que tem, mas eu me sinto bem é nesse tipo de trabalho mais orgânico", diz. Vilma levou sua filha Gabriela em 1974 às atividades que Therezita desenvolvia com a Pro-Arte, conhecida escola de música no bairro de Higienópolis. Em 1975, a Te-Arte foi fundada nas Perdizes e, no ano seguinte, Vilma recebeu o convite para trabalhar na equipe, iniciando a mais longa colaboração que Therezita já teve. Lá ficou até falecer, em 1994.

Terra, areia, água, plantas: tudo material de arte. A terra para se pisar descalço, para cavoucar, plantar, fazer represas, caminhos. O espaço da Te-Arte é mutante. Casas, pontes de madeira, escadas improvisadas vão surgindo da idéia das crianças ou dos adultos, permanecendo por algum tempo. Trabalhar ao ar livre é um dos princípios de Therezita. Somente quando chove, ou quando o frio é muito intenso, as atividades passam para as áreas internas.

Liberdade, sensação, brincar, expressar, experimentar, olhar, mexer. Ar livre. Degraus e árvores. Rampas e pontes. Limites, limite. Sessenta crianças num quintal/jardim/pomar conhecendo o mundo e se conhecendo. Conhecendo seu próprio corpo. Um espaço no qual o corpo é vivido, nas delicadezas, nas durezas, nas asperezas, nas sutilezas dos toques, dos sons, dos cheiros, dos olhares, dos gostos. Cinco sentidos, sete sentidos, quantos mais houver, para viver e sentir: terra, plantas, comida, bichos, gente grande e gente pequena, água e fogo. Música. Tambores e cantos. Festas, muitas festas: porém comemorações vivenciadas em cada pequeno ritual. Não há festas protocolares para comemorar datas do calendário. As crianças vivenciam a significação do que está sendo festejado. Elas sabem. Constroem cenários, enfeitam carros e mesas, fazem adereços e prendas, aprendem canções e danças. Teatro, pintura, desenho, histórias. Raízes do Brasil, raízes de muitas culturas. A mexicana Senhora de Guadalupe convive com a Senhora Aparecida; o maracatu pode desaguar na dança japonesa; o canto de índios do Brasil dá lugar a uma cerimônia judaica. **Multiculturalidade** sempre foi uma característica dessa escola.

Os fios condutores passam por uma grande **espontaneidade**. Uma menina veste uma saia rodada que pegou numa caixa, logo vem outra e põe uma espécie de xale nos ombros; as duas começam a dançar enquanto um pequeno de 3 anos dedilha algumas notas no piano. Um professor passa pela rampa e diz: "História! História!", e um grupinho vai se juntando a seu redor, perto do pé de carambola. Os adultos às vezes propõem esta ou aquela atividade, mas muitas coisas surgem a partir do movimento de uma ou duas crianças: de repente, metade da escola está entretida num jogo, numa encenação, numa dança.

A Te-Arte é um grande quintal com partes íngremes e muitas árvores. O verde é grama, mato, milho, bananeira, goiabeira, maracujá, flores. O verde ajuda a perceber as modificações no ambiente: como as plantas crescem, dão flores ou frutos, como precisam ser regadas, tratadas ou arrancadas quando morrem.

Há uma espécie de oca circular que integra um salão, cozinha, marcenaria, banheiros. As panelas negras de barro do Espírito Santo estão fumegando no fogão e as crianças atravessam a cozinha em direção à parte externa: mesmo as mais pequenas sabem que o local é perigoso, e tomam cuidado. Um piano, muitos tambores, mesinhas, fantoches, fantasias, estantes com livros, lousa: a mesma área vira teatro, aula de letrinha – como é chamada a alfabetização das crianças –, refeitório, lugar de ouvir histórias, dançar, fazer judô. Duas ou mais atividades podem acontecer no mesmo espaço, ao mesmo tempo.

> *Ao entrar na escola, minha primeira visão foi o pé de carambola (que me trouxe recordações fantásticas da minha infância) sob o qual estavam crianças de várias idades escutando alguém contar história. Inexplicável a energia que pairava no ar... Continuando o caminho, cheguei na única sala e descobri que lá não existiam classes e que as atividades e aprendizagens se desenvolviam com liberdade e que as crianças podiam se movimentar ao invés de ficarem sentadas.*
>
> Mãe

As crianças se apropriam do espaço da Te-Arte. Todas exibem grande desembaraço ao percorrer seus labirintos, dançar e jogar nas áreas abertas, trabalhar a intimidade com as plantas e os animais. Meninos e meninas reconhecem aquele território como seu: cada cantinho é conhecido, cada pequena mudança é reconhecida.

O que uma criança de 2, 3 ou 4 anos precisa numa escola? Precisa ser treinada para a futura alfabetização? Precisa de iniciação à informática? Precisa ficar sentada na cadeira para "aprender" a ter disciplina?

Quando alguém como Thereza Pagani – e outros educadores e pensadores antes dela – diz que a criança só precisa brincar, muita gente costuma estranhar. Se está na escola, não seria bom que já fosse apresentada a conteúdos que a preparassem para a vida de estudante e até para a vida profissional? Com nossa visão utilitarista, pensamos que a escola é um lugar de ensino e aprendizagem – o tempo não pode ser "desperdiçado" com brincadeiras. Para brincar, existe a hora do recreio.

A questão é que relacionamos ensino–aprendizagem só à postura tradicional de um professor ensinar matérias específicas a alunos em situação de classe. Tentamos transferir às crianças pequenas um modelo de pedagogia que tem alguma validade – e mesmo assim contestada em muitos aspectos – para crianças de 7 anos ou mais.

Esquecemos que, enquanto brinca, a criança pode ter ensino e pode aprender muito mais do que se estivesse sentada ouvindo um professor ou tentando preencher linhas de caderno com "bolinhas" e "pauzinhos". Melhor: se tiver tempo e espaço para brincar até os 7 anos, ela desenvolverá corpo e mente e possuirá mais habilidade para adquirir conhecimentos. A construção da inteligência depende do brincar. Ao contrário do que imagina o senso comum, o brincar é condição fundamental para que o cérebro possa absorver e criar conhecimento e cultura. O conhecimento científico começa no brincar. Se não brincar, provavelmente a criança terá mais dificuldade em sua inserção no mundo escolar.

Entretanto, nesta civilização em que impera a produtividade, brincar parece perda de tempo. A valorização excessiva do trabalho e da profissionalização faz que deixemos nosso lado lúdico em segundo plano. O jogo é um traço constitutivo das sociedades humanas. Desde que nasce o homem é um ser que brinca. Ciência, arte, tecnologia, tudo vem do brincar, do jogo de palavras, do jogo das ações, do jogo da imaginação.

Um tempo para ação

O nosso eu vai se constituindo pelo exercício de nossas sensações corporais, pelo exercício da linguagem. O bebezinho não tem noção de si próprio como "eu" – uma unidade psíquica separada de outros –, até que comece a se deparar com a própria imagem (estágio do espelho, segundo teorias psicanalíticas). Para formar seu "eu", o bebê precisará exercitar seu corpo: suas sensações físicas, suas percepções de movimento, de equilíbrio. O "eu" está na **memória do corpo**. Por isso, para alimentar a memória corporal, a criança precisa experimentar diferentes situações, utilizando as potencialidades de seus cinco ou mais sentidos. Enfim, a criança precisa ter tempo e espaço para brincar. Para brincar muito.

A vida vai em busca do prazer, dizia Freud. O pai da psicanálise considerava que o máximo prazer estava na passividade, quando alguém recebe cuidados corporais muito agradáveis. Winnicot, outro psicanalista, complementa apontando que há outro tipo de prazer, o prazer ativo de dominar os movimentos do corpo, de se equilibrar, de vencer a resistência dos objetos, do meio ambiente, de sentir que algo se organiza para conseguir um certo desempenho. A criança, quando começa a engatinhar ou a andar, demonstra esse prazer de perceber o próprio movimento: ela tem a noção de que algo se organiza em seu corpo. Sente prazer em perceber que está dominando seu corpo – e quer repetir o que dá prazer. Esse é um dos princípios da aprendizagem e também do autoconhecimento. Então, é preciso que ela disponha de um espaço para exercitar o prazer do movimento: um espaço que ofereça obstáculos, um meio ambiente que traga pequenos desafios todos os dias. E esse ambiente não pode ser formado só por salas e quartos carpetados ou classes de piso de vinil. Há uma necessidade vital de terra, água, plantas, degraus, barrancos, animais.

Um tempo para a contemplação

Temos três prazeres básicos: o prazer das sensações, o prazer de sentir o movimento e o prazer da contemplação. O mundo contemporâneo, orientado para o consumo, só estimula o prazer das sensações. Parece que os seres humanos vivem apenas para ter sensações. A mídia reforça o máximo prazer possível. E os sentimentos de tristeza, de luto, de insucesso não encontram lugar na mídia. Assim, as pessoas não se permitem curtir uma aflição, uma dor; e quase sempre vão em busca de remédio para "curar" a tristeza.

Do mesmo modo, não se valoriza a contemplação. A contemplação é um dos maiores prazeres para o corpo e para a mente. Olhar, observar, ficar quieto são ações confundidas com preguiça ou passividade. Precisamos fazer muitas coisas ao mesmo tempo, a vida é mesmo corrida, não podemos ficar parados. As crianças têm de entrar desde cedo no ritmo frenético da vida urbana moderna. E tome agenda lotada, com aulas em lugares distantes da moradia. Um corre-corre de atividades baseadas em competição e/ou treinamento de habilidades profissionais. Onde fica o tempo para observar formiguinhas carregando folhas para o formigueiro? E os minutos para explorar a textura de uma flor? Ou para olhar a cabrita cuidando de seu filhote? Ou ainda deitar na grama e acompanhar o movimento das nuvens? Na Te-Arte, as crianças têm tempo para contemplação. Elas brincam, cantam, correm, dançam; mas se alguém quiser ficar meia hora sentado, olhando, poderá se demorar quanto for necessário.

Os adultos não ficam chamando insistentemente para participação nas atividades. Os ritmos biológico e emocional de cada um são respeitados. Desta forma, o garotinho de 2 anos pode cantarolar sozinho e mexer com uma caixinha – que para ele é um carrinho – por mais de meia hora, que ninguém vai tirá-lo de lá, engajando-o numa ciranda. No entanto, se essa for uma atitude repetida por dias seguidos, a equipe, atenta, pesquisará os motivos.

A contemplação é um bem muito precioso que infelizmente não é valorizado nos dias de hoje. O mundo nos diz que devemos estar sempre produzindo; as paradas são ocupadas com "entretenimento", também vinculado a uma lógica de mercadoria e de performance que não favorece esse repouso criativo do espírito. A contemplação, por sua vez, ajuda a crescer, ajuda a aprender, ajuda a se entender.

Impressões

 Essa escola tem abismos, eu sempre digo, esse quintal tem abismos, mas é preciso ter abismos.

Mãe

Ao entrar pelo portão de madeira rústica, deparei com um espaço vivo, lúdico e dinâmico que me fascinou muito, entre outras coisas por me lembrar um acampamento de férias em que estive muitas vezes quando menino. Me parecia uma miniatura daquele, não pelas características físicas, mas pela magia do lugar, diferente de tudo aquilo que havíamos visto até então. Achei fantástico que não existissem as tradicionais salas de aula, e que aquele era um espaço amplo, com muito verde e no qual pude notar crianças de idades diferentes interagindo entre si em perfeita harmonia.

Pai

O homem não brinca mais. A criança pequena começa a fazer imitações do homem que não brinca mais e vai acabar sem nunca ter brincado. A criança só vê a mãe usando aparelhos elétricos, não vê a mãe sacudir a roupa, cantarolar enquanto bate um bolo. A mãe e o pai são ligadores de aparelhos que precisam fazer tudo o mais rápido possível. Em vez do canto, da dança, o barulho dos motores domésticos. Cadê o lúdico que era da vida?

Therezita

É um lugar em que os pés têm mais contato com o chão e a cabeça pode voar com a imaginação.

Mãe

Minha primeira impressão ao entrar na Te-Arte foi mais puro e absoluto espanto. Fui conversar com a Therezita sobre uma aluna que era minha parente. Esse fato por si só já era espantoso, pois esta criança, com sérias deficiências, estava numa escola "normal", incluída em meio a outras crianças, acontecimento "inédito" na época. [...] Passei dois meses falando da escola, sem parar, para amigos e profissionais da área indicando para pais, pois descobrira que existem coisas mais simples e melhores do que as grandes elucubrações.

Fonoaudióloga, que hoje faz parte da equipe

Esse clima de liberdade geral é um dos aspectos que podem dar uma impressão equivocada sobre a Te-Arte: como tudo que é complexo e denso não é facilmente absorvido, exige tempo e intenção, exige um compromisso entre pais, escolas e alunos, geradores de uma "trama" de informações e vivências tão enriquecedoras nesses primeiros anos de vida.

Quando cheguei lá, lembro da Tê sentada perto dos pequenos cortando as frutas que eles traziam de lanche. Entretida com seu fazer e com as crianças a serem atendidas, disse tranqüilamente para eu entrar e ir sentindo o ambiente, pois a escola falava por si, e, qualquer dúvida, para falar depois com ela.

A alegria e a tranqüilidade que a escola como um todo transmitia, somadas à qualidade de espaço oferecido e também à proximidade da nossa casa fez que optássemos pela Te-Arte e mergulhássemos em uma proposta de ensino muito especial. Essa proposta não é de fácil ou imediata assimilação. Pelo contrário, muitas vezes nós, pais, somos convocados a rever profundamente conceitos que achávamos serem corretos para, em uma análise mais profunda, reconhecer serem frágeis ou mal digeridos.

O contraponto foi brutal em relação a outras três escolas que visitamos anteriormente. Hoje, oito anos depois, acho que a apresentação dessas outras instituições exprimia exatamente aquilo a que se propunha: uma certa "ostentação" de um controle sobre a criança para dar garantia aos pais de que seus filhos estavam sendo cuidados, controlados.

Mãe

> Uma das coisas principais para o educador é ajudar o pai e a mãe a suportar a ansiedade. Para isso, não se pode querer responder logo. Em educação, a gente não tem de ter resposta pronta, imediata. Educadores têm de suportar a ansiedade. Assim, o melhor é ir ajudando a criança a conversar – o adulto ouve e aproveita para meditar. Lógico que existem situações que exigem resposta rápida, mas sempre que possível é melhor dar uma paradinha e pensar antes de agir. A gente não pode dar solução para tudo. É melhor ouvir, prestar atenção do que dar reposta para tudo. É ficar junto.
>
> Nelson Pocci, psicanalista que participou
de grupos no início da Te-Arte

> Com o passar do tempo fui entendendo aquele aperto que sentia na garganta toda vez que cruzava os portões da Te-Arte, aquele caminho era a conexão, assim meio túnel do tempo, para a minha infância... As galinhas dividindo o espaço com as crianças; as frutas, a seu tempo amadurecendo no pé; a água fresca do filtro de barro; a panela de pedra, a torre – dos contos de fadas – e os objetos da sala todos amontoados eram capazes de desempilhar minhas emoções uma a uma.
>
> Mãe

> Muitos pais – e muitas escolas – acham que a criança sempre tem de estar fazendo algo, tem de estar ocupada, para mostrar serviço. Mas a criança precisa de um tempo para si, para ficar só olhando, se quiser. Aqui as crianças olham ou fazem coisas, não há necessidades de um adulto ficar mandando ou dirigindo o tempo todo. Existem escolas em que as crianças não fazem nada se não tiver um professor mandando.

De volta ao quintal mágico • 53

Na Te-Arte, a criança vai tendo autoconsciência do corpo à medida que percebe suas potencialidades e seus limites. Se ela tiver esse respeito do adulto pelo seu tempo, pelo seu ritmo, ela saberá respeitar as novas regras das futuras escolas. Se ela se conhece, saberá fazer o dever, saberá suas obrigações. Aqui não é "laissez-faire", não é Rousseau, não é Summerhill, não é Waldorf. O aprendizado da letrinha, por exemplo, vem da necessidade da criança. Ela pergunta e pede, tem com quem dialogar e fazer experiência. A letrinha acontece já dentro da brincadeira: quem está pronto começa a participar mais.

Therezita

É importante notar que um projeto educativo não-formal, no sentido de não estar formulado como um projeto – embora seja um visceral projeto de vida – conseguiu formar tanta gente, de alunos a educadores.

Mãe

É por isso que eu não posso dizer que a Te-Arte é só uma escola. Às vezes acho que é uma mistura de quintal com a rua de antigamente. Aquele quintal na saída da cozinha, de onde era possível sentir o cheiro da comida sendo vagarosamente preparada no fogão; quintal em que as crianças brincavam numa certa distância/proximidade em relação às mães, avós, tias, adultos com os quais tinham importante ligação afetiva.

E a rua de que falo era aquela que não era propriedade privada de ninguém, mas lugar de todos; onde as crianças brincavam sem tanta intermediação de adultos: o grande e o pequeno, o menino sossegado e o moleque, onde se aprendia jogar futebol, andar de carrinho de rolimã e jogar bolinha de gude.

A minha impressão é a de que, na falta da rua, foram surgindo os lugares técnicos para se aprender futebol, estripulias, brincadeiras "de rua" – da pelada passa-se para o treino de futebol, o equilibrar-se no muro vira assunto da escola de circo, as habilidades manuais acham lugar nos ateliês especializados e cabe às aulas de música resgatar as cantigas e brincadeiras de roda. Dispostos a desenvolver as mais diversas capacidades – motoras, plásticas, musicais –, são espaços nos quais o que existe são as relações entre crianças da mesma idade, completamente intermediadas por um adulto e que visam um aprendizado o mais didático possível.

Mãe

Decidir quando e como dar limite é muito complicado. Carrego ou não carrego a lancheira? Eu trazia minha filha e costumava carregar a lancheira, enquanto subíamos a rampa. Therezita viu e falou: pai, ela é que tem de levar suas coisas. Algum meses depois, a menina pediu que eu carregasse a lancheira. Eu não queria e aí a Tê disse: pai, pode ajudar, porque a mãe está esperando nenê e agora sua filha quer atenção.

Pai

A expectativa era enorme, pois sabia que encontraria nesse espaço uma proposta condizente com o que eu havia estudado em educação. Encontrei mais! Encontrei um espaço mágico, com seres humanos mágicos, mas totalmente centrados na realidade. Encontrei crianças felizes – e que choravam para não ir embora da escola. Encontrei brincadeiras, encontrei a Therezita, encontrei limites... Enfim, encontrei a minha criança.

Educadora que trabalhou na Te-Arte

Balão

Certa vez, na cidade chamada Distância, um grande parque de diversões foi instalado, e todos os moradores da cidade estavam entusiasmados e alegres, esperando o grande dia da abertura do parque.

Houve queima de fogos, palhaços, malabaristas e mágicos vestidos com roupas pretas, que se apresentavam em todos os cantos daquele imenso espaço; a festa tinha acabado de começar.

Todas as famílias estavam felizes, participando de todos os brinquedos: o pula-pula, a gangorra, o balanço, os carrinhos de bate-bate, o carrossel colorido e a roda gigante vermelha – tão vermelha que mais lembrava um gostoso e saboroso morango.

Tudo estava indo muito bem, quando uma mãe veio em disparada e aos gritos disse:

– O meu filho saiu voando!

Todos no parque pararam para escutar os gritos daquela mãe nervosa, e logo ouviram os gritos de uma vovó:

– Meu netinho e minha netinha saíram voando!

Aqueles que escutaram caíram na gargalhada e todos zombaram daquela mãe e daquela vovó, dizendo que elas estavam vendo coisas que não existiam, e um pai que dava muita risada da vovó disse ao seu filho:

– Onde já se viu, filho, essa vovó disse que seus netinhos saíram voando, até parece que criança voa, não é filho... filho, filhoooooo.

E, para sua surpresa, seu filho já não estava lá, e sim bem lá no alto, voando com um balão verde nas mãos. E assim as crianças que estavam no parque voaram, cada uma pendurada em um balão, e muito rápido subiam, subiam, subiam, e os gritos de socorro pedindo ajuda não eram mais ouvidos.

Todos os pais ficaram desesperados e aos gritos chamavam seus filhos:

– André, Pedro, Beatriz, Sophia, Manuela, Giovanni, Nuno, Mariana...

Todas as crianças tinham subido, menos uma. Debaixo de uma das mesas sai um menino. Seu nome: Pequenininho, e foi logo falando:

– Eu sei quem deu aqueles balões para as crianças!

– Ah! sai pra lá menino!

– Eu sei, sim, insistia o Pequenininho.

– Ah! Vai pra baixo da mesa, vai, menino! Disse um pai.

De volta ao quintal mágico • 57

— *Eu sei, sim! Incansável, o Pequenininho insistia.*

Até que um dos pais disse:

— *Ei, vamos ouvir este menino, ele diz que sabe quem fez isso com nossos filhos.*

— *É, eu sei! Tornou a dizer o Pequenininho.*

Todos em coro perguntaram:

— *Então diga logo, quem foi?*

— *Foi o Seu Barbicha!*

— *Seu Barbicha? Perguntaram todos.*

— *É, o Seu Barbicha, ele está fantasiado de vendedor de balões e distribui balões voadores para as crianças e aí, como os balões são mágicos, todos voam muito rápido para o alto, muito alto.*

— *E como vamos fazer para pegar o Seu Barbicha? Perguntou um pai que estava com muito medo.*

E o Pequenininho logo foi dizendo:

— *Eu tenho uma armadilha!*

— *Qual é? A vovó perguntou desesperada.*

— *Eu vou bem escondido atrás do Seu Barbicha e vou descobrir onde ele guarda os balões, e aí é só salvar todas as crianças, e depois elas me ajudam e minha armadilha não vai falhar.*

E lá foi o Pequenininho tentar fazer o que tinha falado. Ele seguiu o vendedor de balões, que tinha por baixo daquela máscara uma barba enorme, suas botas fedidas, sua roupa marrom e seu chapéu que nunca tinha sido lavado eram inconfundíveis; aquele era o temido Seu Barbicha. Ele foi seguindo o vendedor até sua casa e, bem quietinho, ficou escondido atrás da janela, e ouvia e via tudo que se passava na casa. Estava certo: aquele vendedor de balões mascarado era mesmo o Seu Barbi-

cha. Tirou a máscara e com um grande sorriso via as crianças caírem com seus balões dentro de uma sala.

O Pequenininho, como era muito inteligente, percebeu que Seu Barbicha ia dormir e que poderia soltar seus amigos daquela sala, para que todos juntos pudessem pegá-lo.

Após Seu Barbicha dormir, o Pequenininho foi bem devagar abrir a sala e todos os seus amigos foram soltos. Juntos passaram uma cola muito grudenta e melecada nas cordinhas dos balões que iam ser oferecidos pelo Pequenininho ao Seu Barbicha, para ele pegar e ficar com as mão grudadas nas cordinhas.

No dia seguinte, Seu Barbicha pôs a máscara e foi ao parque prometendo:

— Aquele Pequenininho me paga, vou pegar todos os balões do parque, transformá-los em balões mágicos e todos vão voar de novo. E, dando uma grossa risada, foi para o parque.

Todas as crianças e os pais esperavam o grande momento, onde todos iam enganar o Seu Barbicha.

Ele chegou ao parque com sua máscara que não enganava mais ninguém, e todos fingiam não saber quem era, quando, de repente, Seu Barbicha viu mais de cem balões, todos juntinhos. Mal sabia ele que aqueles balões tinham sido preparados pela turma do Pequenininho, com muita cola.

Seu Barbicha pediu para uma criança que estava disfarçada:

— Ei, você, me dê esses balões agora!

— É melhor você pegar — disse o sábio garoto —, eu estou com as mãos sujas.

E não podia acontecer outra coisa, Seu Barbicha pegou aqueles balões com as duas mãos e quando percebeu que estava grudado já era tarde demais. O Pequenininho tinha feito uma

De volta ao quintal mágico • 59

grande armadilha e o Seu Barbicha que estava preso começou a voar, voar, voar, e todos embaixo davam tchau e cantavam, e pulavam numa enorme festa. O Seu Barbicha, por sua vez, voou para muito longe dali, enquanto pais e filhos cantaram juntos um parabéns a você, em homenagem ao Pequenininho, o grande herói do dia.

Parabéns a você, nesta data ...

Esta história foi escrita por Fábio Guacy de Lúcio, professor da Te-Arte, formado em Educação Física e que nunca havia trabalhado com crianças pequenas na vida. Depois de um certo tempo na escola, começou a inventar histórias, às vezes baseado num pequeno detalhe ou objeto sugerido pelas crianças. Daí foram tomando forma dois personagens hoje muito conhecidos: o Pequenininho e o Seu Barbicha. Fábio passou a escrever essas histórias quando chegava em casa e agora já reúne uma boa coleção delas. Antes da Te-Arte, ele jamais imaginara ter habilidade para criar e contar histórias.

60 DULCILIA SCHROEDER BUITONI

O salão-ateliê com iluminação natural, projeto feito especialmente para a Te-Arte.

Jogo de amarelinha

A música, os festejos, as comidas e as artes populares fazem parte do dia-a-dia da escola. Não é só para comemorar efemérides como o Dia do Índio ou a Páscoa. Seja pelo cantar uma música, dançar bumba-meu-boi ou maracatu, ouvir uma história de saci, comer paçoca salgada ou preparar festas como São João e Natal, todos os dias as crianças vivenciam as ricas raízes de nossa cultura popular. Às vezes, são inseridas tradições de outros países, como a "pinhata" mexicana, danças colombianas ou elementos da cultura judaica. Violeiros, cantadores, sanfoneiros estão sempre presentes em períodos de festas, indo um ou mais dias por semana. A capixaba Therezita Pagani teve uma meninice plena de manifestações culturais brasileiras e sabe quanto essas atividades fazem bem para o corpo, para a mente e para a alma.

Com seu apelo às rimas, às cores, aos sabores, a cultura popular chama à criatividade e à participação e não só à imitação, marca maior de nossa avalanche televisiva. Por isso, pelo estímulo à criação e não por nostalgia, a grande presença pedagógica das artes populares na escola. Os visitantes costumam ficar impressionados pela familiaridade das crianças com letras de música, passos de dança e conhecimento de rituais e histórias de comemorações tão diversas como a procissão de Guadalupe ou o *shabat* judaico. Inspiradas na vivência religiosa plural da Te-Arte, algumas famílias que mesclam mais de uma crença passaram a comemorar, por exemplo, o Ano Novo judaico e o Natal. Crianças descendentes de diversas nacionalidades freqüentam a escola (quase todas pertencem à classe média ou classe média alta, mas sempre há alguns bolsistas). São filhos da colônia japonesa, chinesa, italiana, inglesa, mexicana, boliviana, alemã; há crianças negras e também de religiões diferentes – um verdadeiro microcosmo de São Paulo.

Enfeites, instrumentos musicais, bandeirinhas de papel, bonecos de argila e de papel machê, brinquedos de madeira, roupas e fantasias povoam cada canto da Te-Arte. A maioria dos objetos é fruto de artesanato popular, trazidos de diferentes regiões do Brasil e do mundo. Assim há tambores indígenas, flautas andinas, chocalhos, berimbau, pandeiros, pilão (onde é feita a paçoca), panela de barro, estantes com livros, imagens de santos, máscaras bolivianas, bastões de congada etc. Às vezes resulta numa certa poluição visual, porém uma prateleira, um

De volta ao quintal mágico • 63

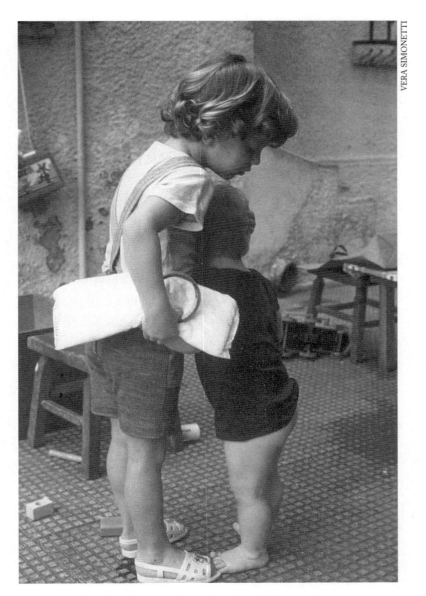

A convivência entre crianças de todas as idades permite que os mais velhos acolham os mais novos.

cesto ou um baú são lugares nos quais a criança pode encontrar infinitos motivos para sua fantasia.

Presença marcante da cultura popular é o maranhense Tião Carvalho, músico nascido em Cururupu, perto do Pará, que vem participando do trabalho de Therezita desde o final dos anos 1970. Tião é o homem que trouxe o bumba-meu-boi do Maranhão para a Te-Arte, encantando já algumas gerações de crianças. "Não é boi-bumbá, boi-bumbá é do Amazonas", explica. Ele ressalta a importância da tradição no trabalho da escola: "Ao mesmo tempo, há uma informalidade na volta às tradições – e todos acreditam na cultura de raiz como fundamental na educação".

O folclore também está no canto e nas danças de Daniela, que vem recuperando tradições afro-brasileiras e portuguesas. Therezita conheceu Daniela no grupo Cachuera, um centro cultural coordenado por Paulo Dias, grande pesquisador de músicas de raiz. O centro fica na rua Monte Alegre, em São Paulo, próximo à PUC, e reúne músicos, cantores, dançarinos e estudiosos. Therezita convidou-a para participar das atividades da Te-Arte; Daniela não tinha experiência pedagógica, mas foi se integrando ao grupo. Vai uma vez por semana, e as crianças dançam e cantam coco, ciranda, maracatu, pastoril, reisado: aprendem as letras e algumas coreografias. Também ensina músicas relacionadas a procissões de São Benedito e Nossa Senhora da Conceição. Trabalha com voz, usa tambores: "Brincar com a voz, mexer com a motricidade, é uma parte gostosa da música que eu sempre incentivei", diz Therezita.

Família, o contexto necessário

A relação da família com o espaço da Te-Arte é fundamental. A criança está crescendo e começando seu processo de desligamento da família quando vai para o espaço da escola. Não é só a mãe que tem de se relacionar com a escola; precisa ir o casal, que representa o elo em que a criança está se firmando para alçar vôo. E também os avós, se participam muito ativamente da educação do neto. A escola é a primeira instituição extra-família na qual a criança vai desvendar o mundo e desvelar suas potencialidades e suas dificuldades – e as da família. No dizer de Ada Pelegrini, terapeuta de família: "Tê consegue ter visão contextualizada da criança. Nunca a vê destacada do seu meio, do seu *habitat*. É difícil que ela faça uma afirmação sobre a criança que não seja ligada a sua família".

Pais, professores, Therezita, todos estão no mesmo patamar: há muito diálogo. Existe uma relação forte entre Therezita e os pais. Por sua vez, na Te-Arte, nunca se fez relatório escrito sobre as atividades diárias das crianças. As coisas são faladas ao vivo, cara a cara. Estimula-se a autonomia e a responsabilidade pelo que se faz. O termo cidadania começou a ser empregado no final dos anos 1990, surgiu com as "olimpíadas" internas e hoje é sinônimo de atitudes adequadas: ajudar o amigo, respeitar as pessoas, os objetos, os animais, respeitar o próprio corpo. As crianças são tratadas como crianças e não paparicadas porque são pequenas; têm de ser responsáveis por suas coisas. Assim, a garotinha de 3 anos sobe com sua mochila – não é o pai, a mãe ou a babá que carregam para ela –, o menino acaba de comer e leva o prato até a cozinha.

Para Therezita, qualquer trabalho de educação infantil deve ter muita relação com a família: "Há necessidade de uma troca constante entre os pais e a escola; a Te-Arte não é um lugar para se depositar a criança e manter contato com a equipe apenas quando acontece algum problema". Os pais fazem um estágio antes de a criança ser matriculada, para vivenciar concretamente o processo pedagógico. Depois, eles precisam estar presentes no dia-a-dia, seja levando ou buscando, conversando com Therezita ou com algum adulto sobre uma pequena indisposição da criança, uma queixa de ciúme do irmãozinho recém-nascido, ou também a alegria de ter conseguido escrever o nome ou parado de fazer xixi na cama. Pai ou mãe podem adentrar até o finalzinho do espaço quando levam ou quando vão buscar o filho; não existe a norma do pai ou acompanhante só poder ir até o portão, com entrada proibida no recinto da escola. Os pais também dispõem de horários específicos, bem cedinho, para reuniões com Therezita. Por sua enorme experiência, a educadora parece "adivinhar" conflitos ou motivos de que os pais nem suspeitam. Muitas dessas reuniões são momentos de enfrentamento da dura realidade. Alguns pais já sentiram a atitude de Therezita como um tanto interventora; entretanto a maioria costuma render-se às intuições e argumentações daquela senhora que quase sempre percebe "antes". Isso porque ela não faz concessões nem agrada aos pais a fim de manter a clientela: ela defende em primeiro lugar a criança e, tal como uma leoa, vai para cima de quem considera agir inadequadamente.

O pai e a mãe são instados a observar o filho em casa, a perceber como a criança está existindo; os pais precisam assumir integralmente aquele que puseram no mundo. Não há a possibilidade de "transferir" as tarefas constitutivas da formação da personalidade para a instituição escolar. Os pais não pagam para se "livrar" de preocupação – se há algum problema com o filho, eles terão de ir a fundo. Por isso, às vezes, não é fácil ser pai ou mãe de criança que está na Te-Arte. Como sente que a vivência paterna dentro da escola é importante, Therezita abriu para os pais homens a possibilidade de passar um dia participando das atividades desenvolvidas – e isso tem sido uma experiência muito rica.

Ao achar que a presença do pai e a presença da mãe contribuem para construir a personalidade do filho, Therezita talvez adote uma postura conservadora. Considera que uma família razoavelmente estruturada é condição de sanidade para a criança. Na verdade, acha que o ser humano precisa do casal. Ela vê com preocupação os destinos de uma criança criada só pela mãe, por exemplo.

Therezita observa que, atualmente, há uma grande mudança dos padrões familiares. A sociedade está se transformando, são raros os casais comprometidos com o primeiro casamento; muitas crianças já são frutos de uma segunda ou terceira união. Acredita que as crianças estão perdendo a atitude de modelos, ficando sem limite: "Eu percebo que essa instabilidade dos vínculos resulta em filhos agressivos, que não sabem a quem se reportar. Eles sofrem muito". Nesse sentido, Therezita acha que as pessoas da equipe também devem demonstrar respeito em relação aos vínculos com seus respectivos parceiros.

Para os participantes das famílias "múltiplas", há necessidade de estratégias especiais para as reuniões com Therezita. Ela pensa ser necessária a presença dos pais – o casal inicial e o casal atual – nos encontros que acontecem reservadamente em sua sala. "No caso das famílias com novas reestruturações, ou desestruturadas, penso que todos os que estão fazendo parte no aqui-agora dessa criança precisam vir. Se um cônjuge não quer ver o outro, isso é respeitado, marcamos horários diferentes. É importante que esse pai ou essa mãe que se separou converse comigo e, mais ainda, que freqüente o trabalho da escola, vindo de quando em quando. Do mesmo modo, é bom que venham os avós, se o neto está vivendo com eles."

Os pais algumas vezes sentem o trabalho da Te-Arte como terapêutico – e a própria Therezita não o nega; todavia, essa finalidade é alcançada mais em função do trabalho como um todo, e não perseguida especificamente.

Homem e mulher: a dupla imprescindível

Therezita sempre fez questão de manter figuras masculinas na equipe. Pelo mesmo motivo de que o casal (pai e mãe) é a referência básica da criança, é bom que ela conviva com homens e mulheres no espaço escolar. **O brincar, o criar, o cuidar, o educar não podem ser considerados atividades femininas, prolongamento das funções maternas.** Em algumas fases, meninos e meninas se ligam mais à figura masculina; noutras, à feminina. A criança precisa experimentar a alternância dos dois modelos para constituir sua identidade.

Desde o começo de sua atividade com educação, Therezita intuiu a importância dessa figura reguladora – o homem ou o pai. "O papel regulador não pode ficar só com a mulher ou a mãe. Até os 7 anos, o ser humano tem de desenvolver as duas figuras para trabalhar nessas emoções masculinas e femininas. Assim, quando for necessário, pode ser mais masculino ou mais feminino. Sem modelo masculino presente, fica difícil para a criança alcançar essa harmonia interna, que se exercita imitando as duas possibilidades."

A presença masculina é um ponto fundamental dentro da pedagogia da Te-Arte. Embora não seja fácil encontrar homens dispostos a trabalhar com crianças – pois nossa sociedade não valoriza seu papel dentro da educação infantil: "Às vezes essa figura masculina pode ser o jardineiro, o pedreiro, o pintor; mas o melhor é que seja alguém integrado à equipe". Muitas professoras de pré-escola tendem a adotar uma postura de mimar os "aluninhos", coisa que se nota até na linguagem infantilizada. Na Te-Arte, não há tios e tias; todos são chamados pelo nome e as falas não vêm carregadas de diminutivos. "O homem", continua Therezita, "não faz só carpintaria, ou colhe cachos de banana, ou joga futebol. A ele não toca o serviço mais grosseiro. Tudo o que ele faz nós procuramos fazer; e ele também faz os serviços ditos femininos, como trocar uma criança ou ajudar na cozinha. Assim, as crianças têm os dois modelos de atitude social e humana, ambos fortes e definidos no seu ser masculino e no seu ser feminino, mas sem reforçar os estereótipos de atividades. Procura-se mostrar que não existem serviços de homem ou de mulher."

No início da Te-Arte era mais complicado conseguir homens para trabalhar com crianças pequenas. Hoje, eles encaram mais naturalmente essa possibilidade. Therezita explica:

De volta ao quintal mágico • 71

O professor faz trabalho corporal com as meninas...

... e com os meninos, sempre com espírito lúdico.

"Além de ter havido algumas mudanças na sociedade, eles chegam aqui e vêem o modelo já implantado. Também passo para eles toda uma literatura para que sintam a necessidade do menino e da menina como ser humano". O psicanalista Nelson Pocci, que fazia grupos de supervisão com a equipe da Te-Arte, dizia que a maternidade tinha de ser feminina. Therezita não concordava: "Não, eu dizia: tem de ser em conjunto, atitudes do pai e atitudes da mãe".

Não há divisões estanques na escola: cozinhar, bordar e limpar são coisa de mulher; marcenaria, construção e futebol, de homem. Isso contribui para uma visão mais flexível dos papéis sexuados, diminuindo o raciocínio estereotipado. Também não há especialistas em nenhuma atividade. O biólogo mostra o funcionamento de um formigueiro e depois pode estar cantando numa roda; a fisioterapeuta passa de exercícios motores para a feitura de um churrasco e assim por diante. Do mesmo modo, não há divisão de tarefas segundo a "hierarquia" social. Professores e professoras fazem de tudo: pintar, tocar instrumentos, jogar bola, lavar copos, trocar fraldas. Não há separação entre professores "artistas" e professores alfabetizadores e professores de educação física. E mais importante ainda: não existem serventes para fazer o trabalho "sujo" de limpar as crianças, enquanto o trabalho "limpo" de ensinar é reservado aos professores. Assim, não se reforça a permanência da estratificação social. Como bem lembrou Ecléa Bosi, no prefácio do livro *Quintal mágico*, se a criança não vê reforçada na escola a divisão do trabalho – em que sempre um outro faz o trabalho braçal limpador –, terá condições de ser uma pessoa mais consciente.

A diversidade artística e arteira

A arte está organicamente presente em tudo. Nessa idade, a arte nunca é complementar ou meramente distrativa – para entreter. Porém, não se trata de arte-produto, que exige a confecção de tais objetos, desenhos, músicas ensaiadas só para mostrar o resultado aos pais. Até pode haver produtos. Mas o que interessa é a vivência de cada situação, o uso mais consciente e prazeroso dos cinco sentidos, a experimentação de suas capacidades e de seus limites. Sensibilizar artisticamente é, antes de mais nada, brincar, diz Therezita. É **deixar realmente a criança brincar na idade de brincar** – e não ficar passando conteúdos. Então, mexer com terra, fazer bolinho de barro, de areia, construir barragem, brincar com água, lavar roupa, ficar descalço, subir em árvore, observar insetos, pegar o ovo que a galinha botou – eis as atividades artísticas primordiais.

Esse processo vai desembocar nas mais variadas formas de expressão, das artes plásticas à música e ao teatro, à dança, sempre respeitando as fases do desenvolvimento infantil e/ou as limitações do deficiente. Sim, porque ao lado das crianças ditas "normais", há as crianças portadoras de deficiências físicas e/ou mentais, geralmente na proporção de uma para dez.

Juntar crianças com problemas físicos, motores e mentais tem trazido resultados benéficos para todos os envolvidos no processo, inclusive os adultos. A criança deficiente costuma apresentar uma percepção muito rica, possibilitando uma convivência afetiva plena de trocas. Além disso, o deficiente fica muito mais motivado a imitar o coleguinha que consegue tocar o tambor, subir numa escada, segurar um pincel. Quase sempre seu progresso será muito maior do que se estivesse apenas entre semelhantes com dificuldades.

Lembremos que não há separação por idades. Crianças de 2 anos podem estar ao lado das de 5 trabalhando com barro. Os adultos desenvolvem diferentes atividades ao mesmo tempo, cada um num local. Um trabalha com aquarela, outro toca música, aquela conta uma história. As crianças vão se agrupando de acordo com suas preferências, ou conforme suas necessidades emocionais; ninguém é obrigado a fazer alguma atividade pré-fixada. Não existe partição por horário, hora da aulinha de canto, da horta ou do recreio. Às vezes, num evento especial, como um bumba-meu-boi, todas as crianças são chamadas a participar, embora sempre haja um ou outro que prefira ficar no tanque de areia, na casinha de madeira ou no cavalinho de pau.

> *Quando conheci a Te-Arte, me surpreendi que as crianças iam chegando, escolhiam do que brincar, havia crianças com quase 7 anos, outros menores, alguns bem pequenos e todos encontravam um lugar: alguns iam pro campinho, dividiam-se em times, estipulavam as regras; outros entravam na casinha, alguns saíam para ver o bode, correr atrás da galinha, enquanto outros sentavam à mesa do lanche, onde um adulto descascava as frutas. Therezita estava fazendo a decoração de Natal – embora ainda estivéssemos em novembro – e algumas crianças a rodeavam. Confesso que quando olhei para tudo isso, embora sentisse um clima tão tranqüilo e sereno, me surpreendi pensando: quando é que vão "propor uma atividade" para as crianças?*
>
> *É preciso estar muito tranqüilo para não se pôr a superestimular a criança a pretexto de ensinar determinados conteúdos. É preciso estar muito tranqüilo, interessado na vida e na criança, para não impor um ritmo desnecessário, ou colocar a criança a produzir coisas, a cantar e pular freneticamente – confundindo excitação com vivacidade – muito mais para aplacar a aflição do próprio adulto, do que em função de uma necessidade da criança.*
>
> *Ao longo destes anos, tenho buscado como Therezita foi formulando o entendimento que tem sobre as crianças, mas parece que ela faz com os adultos o mesmo que com as crianças das escolas: não explica as coisas aos pouquinhos, didaticamente, em "ordem", em tópicos; nos deixa diante do mundo do conhecimento um mundo inteiro a ser explorado.*

Depoimento de mãe

Therezita visa à preservação da infância por intermédio da natureza. A arte vai acontecendo o tempo todo, surgindo dessa atitude básica de trabalhar o movimento corporal. Ela surge da criança, não é imposta pelo adulto. Não são necessárias classes separadas, salas especiais, não são necessários materiais caros e sofisticados e professores superespecializados. Basta um lugar com terra, plantas, lápis, papel, sucatas, farinha e adultos atentos. As crianças crescerão desenvolvendo inteligência, corpo, arte e emoção.

> O que mais me chamou a atenção é que na Te-Arte a criança tem liberdade de expressão (verbal, corporal e escrita) e ao mesmo tempo, em alguns momentos é dado um limite a esta liberdade. Em primeiro lugar, a criança deve aprender a respeitar a si mesma, para então respeitar o próximo, seja este um animal ou um adulto. Na Te-Arte, a criança tem seu espaço conquistado por ela mesma.
>
> Educadora da escola

Os diversos tipos de trabalho surgem de um modo orgânico, começam com um garotinho que observa um besouro, passam à colheita de milho, enquanto em outro lado crianças pegam as cascas de frutas para dar aos patos. O direcionamento dos adultos é mínimo. Claro, precisa haver uma organização na situação de, por exemplo, um grupo sentar e usar aquarela. No lanche, pede-se para que sentem em banquinhos, em volta da mesa – não se pode comer no campinho, no tanque de areia ou em nenhum outro lugar; no entanto não existe um horário muito rígido para a criança comer. Durante o lanche, acen-

De volta ao quintal mágico • 77

tua-se o tato, a gustação, a mastigação, visando ao prazer na alimentação. As cores, as formas são salientadas e o ato de se alimentar também se transforma em motivo de arte.

Elementos de folclore e artesanato popular de vários países enfeitam a escola.

A ciranda dos adultos

Therezita não exige nenhuma experiência prévia com crianças, nenhum curso específico. Talvez seja uma questão de olho clínico. Inicialmente, quando alguém começa a trabalhar na escola, passa por um longo estágio, de duração diferente para cada pessoa. Estágio que é, na verdade, uma observação de desempenho, e que começa com a mão na massa desde o primeiro dia. E não existe explicação, tampouco instrução. Therezita diz para a pessoa ir lá e interagir com as crianças: cada um descobrirá seu próprio jeito, suas limitações. Muitos desistem, pois se sentem perdidos sem um planejamento do que se vai fazer, e menos ainda de como fazer. Therezita quer que cada um sinta as crianças e desenvolva a percepção a fim de entendê-las. O adulto é muito mais alguém que *dá condições de* (e no fundo ele precisa ser alguém bastante auto-trabalhado) do que o professor que chega propondo atividades. Também não é mero observador ou tomador de conta: participa de tudo, atuando com uma ou mais crianças e ainda olhando em volta.

O adulto precisa descobrir como lidar com as crianças. Therezita acredita que assim há muito mais possibilidades de crescer. É óbvio que de vez em quando ela dá alguma indicação durante o trabalho ou até chega a intervir, se percebe alguma atuação desastrada. Contudo, o que realmente vai fundamentar a prática pedagógica são as reuniões da equipe, muitas com discussão de leituras, sugestão de temas a serem estudados etc. A prática, porém, sempre veio antes. Alguns adultos que lá trabalham levaram bastante tempo para se acostumar com a inexistência de classes e com esse olhar atento que observa simultaneamente várias cenas. É um treino que acaba criando "olhos nas costas" – como todo mundo, aliás, diz que a Therezita tem.

Na Te-Arte não existem classes, nem professores responsáveis por este ou aquele grupo. Crianças de 8 ou 9 meses até 7 anos convivem no mesmo espaço. Juntam-se em torno de um homem que lida com o barro, ou da moça que descasca frutas, ou da outra que tece um cordão. O agrupamento une por vezes crianças da mesma idade, ou de idades diferentes. O importante é que a criança tem mais liberdade de escolher a atividade que mais lhe atrai no momento e até ficar brincando sozinha, se quiser. A idade real correspondente a sua maturação psicológica e sua personalidade é mais respeitada do que se fosse colocada numa classe de determinada professora. A possibilidade de ligar-se mais a este ou àquele adulto (conforme a fase ou seus problemas específicos, a criança escolhe o adulto "preferido", com quem fica a maior parte do tempo) também enriquece muito a convivência. Além disso, não existe o problema de precisar se acostumar a uma nova professora de classe quando muda de série – diversas vezes é um drama para a criança passar a outro responsável.

O que levou no passado um administrador de empresas, uma antropóloga, um engenheiro, uma professora de francês, um biólogo e um veterinário a trabalhar na Te-Arte? E, mais ainda, como pessoas de atividades profissionais tão pouco relacionadas com crianças pequenas conseguem trabalhar tão bem com aquela meninadinha, tocando tambor ou jogando bola, pegando numa galinha ou bordando, fazendo fogo ou pintando com aquarela, trocando fralda ou serrando madeira, contando histórias ou rolando na grama, cozinhando ou fazendo bolinho de areia... Atualmente, a maioria das pessoas está mais ligada à área de educação do que nos anos 1970 e 1980; mesmo assim, há uma artista plástica e uma estudante de arquitetura que trabalham na marcenaria.

Os dois integrantes mais antigos são o músico maranhense Tião Carvalho e o professor de educação física André Mercadante, que foi aluno de Therezita quando criança. Nos últimos anos, a equipe vem sendo composta por Therezita, Renata, Bárbara, Fábio, André, Araceles, Lúcia, Eliane, Marta e Daniela. Dona Isa fica no portão e Dona Maria na cozinha.

Renata caiu de pára-quedas e Fábio já entrou na quadrilha

Renata Martins Perin está há onze anos na Te-Arte. Ficou sabendo da escola por um conhecido e trouxe o currículo: "Nem sei se a Tê leu meu currículo, mas ela marcou entrevista". Renata havia feito magistério e estava cursando pedagogia. "Não conhecia nada da Te-Arte; entrei na sala, Tê não falou de planejamento, programas; caí de pára-quedas direto com as crianças. Depois fui vendo que elas vão chegando, conquistando. Eu vinha muito ansiosa querendo fazer tudo e vi que não era necessário. As coisas iam acontecendo, percebi que a criança pedia, 'escolhia' a areia, o tambor, o barro, o castelo. Surgiam os personagens e eu também ia fazendo parte do contexto e me tornando personagem."

Renata lembra que no começo o espírito crítico dominava: "Eu observava tudo e criticava internamente. **Por que não existem classes?** Apesar de ver as crianças livres, com limite, eu achava que classes eram necessárias. Perguntava por que eu na troca de fraldas, por que eu dando comida? Comecei a perceber a importância de fazer de tudo na escola e também vi que servia de modelo. Na hora do almoço, eu comia de tudo e isso era um modelo para as crianças".

As brincadeiras, conta Renata, foram um caminho de retorno à infância. "Comecei a me lembrar do que fazia na infância e comecei a brincar com as crianças. A Tê não tinha falado que era assim. Parece que tudo está no ar, mas eu fui vendo que tudo tem fundamento."

Por todo lado, instrumentos musicais para serem usados a qualquer momento.

Para Renata, o trabalho da Te-Arte é uma proposta diferenciada: "Percebo que, em primeiro lugar, os pais têm de aceitar. As atitudes são um pouco diferentes, o vocabulário é diferente, o jeito de tratar é diferente. Os professores são Renata, Fábio, André, ninguém é chamado de professor ou de tia. Os pais têm de aceitar para que a criança saia preparada não para outra escola, mas para o mundo. Vai saber se defender, vai saber dar limite ao outro, vai se destacar. Por exemplo, numa festa a gente logo percebe as crianças que são da Te-Arte".

Renata continua: "Na Te-Arte sou respeitada como eu sou; não sou dançarina e nunca fui criticada por não saber, por errar. A Tê reforça: você não conseguiu, na próxima você consegue, vamos respeitar o que ela conseguiu". Com o passar do tempo, a parte da alfabetização das crianças foi assumida por Renata, "com as mesmas inseguranças do primeiro dia, com dúvidas, mesmo vendo os resultados, todos os anos. Tê confiou e os pais e a equipe apoiaram". As crianças, acredita Renata, são um termômetro sensível. "Enquanto o adulto não interagir, as crianças não aceitam; se você chegar desanimada, as coisas não funcionam, elas querem brincar. A gente precisa estar inteira para trabalhar com elas. As crianças também sabem qual o limite de cada adulto. Elas respeitam e dão carinho, acho que por causa do respeito que todos os adultos passam."

Renata explica ainda como os limites são tratados na Te-Arte. "No começo", conta, "os limites da Tê assustam. Fiquei um pouco espantada com o limite na hora do almoço, cada criança tinha de comer tudo. A criança olha pra você pedindo socorro e eu não sabia o que fazer. Mais tarde, fui vendo que algumas crianças só faziam uma refeição completa na escola e passei a aceitar a regra com mais naturalidade".

Quando uma criança está tendo uma atitude não adequada, os adultos – e as próprias crianças – dizem **bobajada, bobageira, respeita o amigo, respeita o espaço do outro**. Essa maneira vem sendo utilizada pelas várias gerações que já freqüentaram a escola. Bárbara, uma jovem de 19 anos que está trabalhando na Te-Arte – e é filha de Renata –, também nota a forma como o limite é trabalhado ali: "A questão do limite me impressionou, mas depois a gente entende. Sinto independência por parte das crianças, acho bem positivo o respeito que um tem pelo outro. Isso não acontece muito em outras escolas. Estagiei numa escola pública e as crianças mostram mais dificuldade em manter uma atitude respeitosa. Aqui às vezes acontece a disputa por um brinquedo mas não é briga violenta, nunca vi falar palavrão".

Muros, janelas – todos sabem que não pode subir, não pode pular. O adulto chega e dá o limite: criança não sobe em árvore; na rampa se deve subir de gatinho e descer sentado. Para cada idade, há um ponto de equilíbrio. Para os menores, uma rampa pode ser um grande desafio. A criança acaba entendendo o porquê.

"O adulto também erra", diz Renata. "O importante é assumir. Eu mesma já quebrei óculos, vassoura, e não combina esconder nada na Te-Arte. Assim, quando um menino quebrou um objeto que estava na prateleira, me surpreendi com a Tê dizendo que ele levasse pra casa para consertar. Pensei que era um problema de difícil solução e ela tratou com naturalidade. Noutra vez, precisei contar a uma mãe que a criança caíra na banheira enquanto eu dava banho. Estava com medo, mas a mãe teve uma reação compreensiva, dizendo: não foi o primeiro nem será o último tombo da minha filha."

A palavra "não" é pouco usada na Te-Arte. Usa-se a palavra "perigo" para avisar que tal ação deve ser interrompida ou precisa de muita atenção. Grito, só se a criança estiver longe. Antigamente, Therezita falava "ô...ô" e a escola parava para ver o que estava acontecendo. Antes, quatro professores corriam na direção de quem estava sendo advertido com "ô...ô"; hoje, apenas a pessoa mais próxima da situação toma alguma atitude. Os limites são poucos e muito claros.

"Eu tenho a liberdade de dar o meu limite do meu jeito", continua Renata. "Algumas pessoas são mais suaves; a Tê sempre diz que cada um tem seu limite. Uma coisa sei, depois destes anos todos: a gente precisa agir, não importa se você vai errar, precisa agir naquele momento. Não dá para ficar pensando ou vacilando."

Pedro Ferreira, 24 anos, foi aluno da Te-Arte, cursou biologia e estagia na escola. "Quando voltei depois de grande, não sabia muito como as coisas funcionavam, mas vi que havia uma estrutura pronta e que as coisas funcionavam muito bem. Fiquei impressionado com a organização. Quando as crianças fazem a atividade do judô com o André, todo mundo ajuda a carregar o tapete, desenrola, estica, enrola; a cooperação é muito grande. Nas outras escolas, as coisas são faladas mas não trabalhadas; é mais difícil passar para a ação. Algumas coisas não entendo muito bem, mas a Tê tem muita clareza de tudo. Na Te-Arte, a gente convive com a diferença. Gosto bastante do jeito como os limites são tratados; não é só deixar a criança feliz, à vontade, é também ensinar que ela pertence ao mundo. As crianças aplicam os limites. É muito bom ver um pequeninho dizendo ao outro: 'Limite, viu, eu não gosto do que você está fazendo'."

~~~

Fábio é o "homem" da escola, em 2005. Vai todas as manhãs; as outras figuras masculinas vão uma vez por semana. Alto, de porte atlético, ajudou a desenvolver as "olimpíadas" internas, trazidas por outro professor, André, inspiradas nos jogos olímpicos oficiais. Tem competição de pega-pega por times, basquete no cesto do lixo, carregamento de bancos e por aí vai. Fábio também é um exímio contador de histórias. Foi ele quem criou o personagem do Seu Barbicha, que faz grande sucesso com a meninada. Quem vê Fábio rodeado de gente pequena – e agora também com seu próprio filho, Giovanni, na escola, disputando sua atenção – não imagina que ele nunca havia trabalhado com crianças antes.

Fábio Guacy de Lúcio foi levado por um colega de faculdade também chamado Fábio à Te-Arte, no começo de 2000. Therezita perguntou: "O que você sabe fazer com criança?", "Nada", respondeu ele. Ela disse: "Gostei da sua sinceridade". E Fábio logo pensou: "Que bom, vai dar certo". Mas havia um outro professor que também fora indicado e que começara naquele dia. Therezita lhe deu esperanças mesmo assim: "Fica calmo que vou te chamar". Depois de três ou quatro meses, ela de fato o chamou; era o mês da festa junina. "Põe o chapéu e vai dançar quadrilha", foi tudo o que Therezita lhe disse. "As crianças estavam ensaiando e lá fui eu. No fim do dia, a Tê perguntou o que tinha achado, disse que achara legal, ela perguntou se eu podia vir mais vezes, acabei indo todos os dias. Em julho, Therezita ligou e disse que o outro professor tinha ido embora, e quis saber se eu podia trabalhar lá."

Formado em educação física, é filho único de um casal de feirantes, que trabalhavam na feira desde antes de se casar – o pai na barraca de frango, a mãe na barraca de roupas. Fábio estudou do jardim ao segundo colegial no Dante Alighieri. Então teve de ajudar o pai na feira, primeiro só aos sábados e depois todos os dias. Terminou o colegial em Santana e aí entrou em educação física na FMU. No primeiro semestre da faculdade, foi trabalhar numa escola de esportes, no bairro de Alphaville e já está lá há mais de dez anos, dando aulas de futebol.

"Sempre adorei esportes", diz Fábio. Filho único, nem sempre tinha companhia para brincar: "Nunca me senti sozinho. Jogava botão comigo mesmo, no meu campo e no campo do adversário. Ia à praia quase todo fim de semana, com meu tio, andava descalço. Não era muito de estudar, gostava de inventar idéias, sempre fui criativo". Quase todos os "jogos olímpicos" da Te-Arte foram criados ou adaptados por ele. São cerca de 120 atividades que acontecem durante dois meses, em agosto e setembro.

A partir de 4 anos e meio, as crianças já podem participar dos jogos. São duas equipes de nove ou dez crianças, e os capitães – sempre os mais velhos da turma – escolhem os times. Tem jogo de todo tipo, desde carregar bancos, salto em distância, salto em altura, cabo-de-guerra, arremesso, pega-pega de time – pega um, pega todos –, rolar uma criança dentro do latão, bater pênalti, pular corda...

De volta ao quintal mágico • 89

As cordas estendidas sobre o tanque de areia permitem ousadias.

As "olimpíadas" vêm possibilitando um trabalho mais concreto em relação à competição, tema inseparável da vida moderna. Na escola das Perdizes, a competição não era trabalhada desse modo mais duradouro, que atravessa dois meses. Na casa do Butantã, a questão da competição encontrou uma maneira eficaz e saudável de vivenciar regras, vencidos e vencedores, e estimular a cooperação entre os membros de cada time.

Quando começou a trabalhar na Te-Arte, Fábio buscava Therezita em sua casa e depois a levava de volta: "Eu ia conversando com ela no carro e ia assimilando tudo, a maneira de lidar com as crianças. Cada dia era um aprendizado. A primeira complicação que tive, na Te-Arte, foi por causa de uma bexiga murcha. As crianças estavam pegando as bolas e um menino pediu a pequena, e eu induzi a levar a cheia – fiz o que a maioria das pessoas geralmente imagina. Na reunião, a mãe, que estava presente na hora da bexiga, disse que não achara certa minha atitude, pois o filho desde pequenininho gosta de tudo pequeno. Tê interpretou: 'É isso, mãe, ele escolhe as coisas pequenas porque ele também precisa crescer, ele quer crescer'. Eu aprendi muito com isso, não interferi no gosto da criança. Se ela quer o feio, o pequeno, a gente dá. Cresci bastante; as situações eram flagradas bem no dia-a-dia".

Às vezes, Therezita fazia Fábio parar o carro a fim de apanhar madeira jogada no lixo, caixas, isopor, que levavam para usar como material de trabalho na escola. Durante dois anos, Fábio e Therezita iam à escola e voltavam juntos. No primeiro dia de aula de 2003, ele chegou atrasado e aí Therezita decidiu: "Não vou mais com você".

O Fábio contador de histórias nasceu na Te-Arte. "Primeiro comecei a contar para os pequenos de 2 e 3 anos. No meu terceiro ano apareceu o personagem Seu Barbicha, que foi caindo no gosto da meninada. Aí os maiores começaram a se interessar também."

As histórias iam surgindo no momento e as crianças colaboravam com cenas, idéias. Sempre havia espaço para elas inventarem. Sobre o Seu Barbicha, Fábio explica: "É uma espécie de anti-herói, que faz alguma coisa errada e as crianças torcem para que ele seja pego. A história é interativa; as crianças inventam armadilhas para prender o Seu Barbicha. E o herói é o 'Pequenininho' que não tem nome e que com certeza serve de identificação para as crianças. Elas sentem que estão lutando contra o Seu Barbicha. Eu faço vozinha fina, as crianças dizem que é o Pequenininho, às vezes pedem que inclua mãe, pai, irmã dele. Os grandes de 6 anos gostam de uma armadilha, fazem e põem na areia e criam um barquinho para ajudar o Pequenininho e a história vai progredindo, até o Seu Barbicha ser apanhado".

Fábio conta histórias na torre, ou perto da secretaria ou perto da caramboleira, no campo de futebol, onde der. Chama as crianças falando: "História!", e elas começam a andar atrás dele, gritando em coro "História!", até arranjarem um local para se acomodar. Às vezes, Fábio resolve "cobrar" ingresso para ouvir a história – corta pedacinhos de papel colorido e distribui ao público. Algumas histórias acabam tendo acompanhamento musical; Fábio pega os tambores, canta. Ele nunca aprendeu música, mas sempre gostou de percussão.

Como as crianças reagem a essa figura masculina? "Os pequenos vão se chegando, ficam mexendo na minha barba, nos pêlos da perna – eu venho muito de bermuda. Desde o começo dou colo, abraço, deixo saber o que é barba. Alguns são um supergrude. Me sinto bem; e sei que eles sentem segurança. Reparo que, às vezes, quando os pais são separados ou estão se separando, principalmente os meninos querem permanecer sempre perto de mim. Alguns chegam a ficar a manhã inteira no meu colo."

No final de 2005, devido a alguns problemas com horários, Fábio saiu da Te-Arte e agora está trabalhando na escola Grão de Chão. Seu substituto é outro professor de educação física: José Maria de Campos Júnior.

André prepara para a luta; Tião trouxe o Boi do Maranhão

André Mercadante também é professor de educação física e vem recuperando uma atividade muito especial que as crianças da Te-Arte das Perdizes faziam: o judô com o mestre Kurachi, falecido nos anos 1980. André teve aula com Kurachi durante cinco anos e vivenciou como seu ritual era apropriado aos pequenos: respiração, aquecimento, movimentos de imitar bichos. Na Te-Arte desde 1989, André começou com recreação e depois foi realizando um repertório de jogos e também o judô. Logo que o vêem chegar, os maiores, mais ligados no futebol, já vão direto para o campinho. Eles jogam um pouco e, quando começam a se cansar, outra atividade, como pega-pega, é proposta. Dessa brincadeira os menores já conseguem participar, pois é possível mesclar diferentes idades. Uma hora depois, André vai até o salão e começa a preparar o judô. As crianças

De volta ao quintal mágico • 93

ajudam a pegar os tapetes, os desenrolam e estendem, abrem o espaço... Aí fazem os movimentos, cantando os números em japonês – lembrança de Kurachi, que assim o fazia. André foi aluno de Therezita quando tinha 7 anos; ele vinha à tarde fazer oficinas de alfabetização. Tudo começou com a irmã de sua mãe que colocara as filhas na Te-Arte. Depois de alfabetizado, André foi para outras escolas, mas sempre manteve contato com Therezita. Quando estava na faculdade de educação física, André estagiou com Therezita, ajudando principalmente na alfabetização. Nessa época começou a trabalhar jogos com as crianças. Em 2005, André trabalhava na escolinha de esportes do colégio Vera Cruz com recreação e iniciação esportiva e também ministrando aulas no período regular. A vivência da Te-Arte ajudou muito na prática mais formalizada do colégio: "Principalmente no jeito de lidar. Quando comecei no Vera Cruz, não conseguia ter muita firmeza com as crianças; eu funcionava como auxiliar de outro professor, demorei três anos para ter segurança. Em compensação, na Te-Arte as coisas sempre funcionavam; os maiores daqui já estão noutro nível de entendimento e cooperação".

A professora Vilma Sarti, fisioterapeuta que por muito tempo trabalhou com Therezita, foi uma das grandes inspiradoras de André. "A história das lutas na Te-Arte teve muito a ver com Vilma. Ela me ensinou maneiras de fazer sorteio, para que as crianças, elas mesmas, escolhessem quem iria liderar um time, por exemplo. Assim, não sou eu quem determina o capitão; é uma coisa democrática, elas escolhem entre si, sem interferência do professor. Fui lembrando do Kurachi, fazendo sua seqüência, que envolvia muito de **consciência corporal** e de **sociabilidade**. Sigo seu ritual: começo com um cumprimento e chamo duas crianças para serem os mestres do dia. Faço aquecimento dos pés, das mãos, uso massagens; fui introduzindo outras coisas. Ele fazia movimentos de imitar bicho; eu também faço brincadeiras de estátua, de agilidade – por exemplo, pôr a mão na cabeça e levantar, estando sentado –, exercícios de agilidade, força, coordenação."

A concentração para a luta é bastante trabalhada: "Peço aos dois lutadores que fechem os olhos durante 30 segundos e só aí partam para lutar. A preocupação é como pegar o outro, derrubá-lo, segurá-lo, como imobilizar o outro. O que fica embaixo precisa tentar sair. Após o fim das lutas, trabalho com a respiração; depois da agitação, com os pés paralelos, eles fecham os olhos e tentam fazer um balanço que eu chamo de 'joão bobo'".

Cantor, compositor, dançarino, participante do Festival de Montreux em 2000, **Tião Carvalho** pertence ao grupo Mafuá e tem dois CDs gravados, sendo um solo. No começo, chegou a ir três vezes por semana à escola, depois duas. Durante um tempo foi apenas às festas, mas no segundo semestre de 2005 passou a vir uma vez por semana. E é sempre uma experiência fundamental: "É um quintal. Mas aqui sinto uma sensação que só vivi em alguns momentos no Vento Forte (grupo de teatro de São Paulo, que mescla música e dança), essa coisa maleável, que flui, essa plena confiança no trabalho pedagógico. A criança é fonte dessa educação, ela mesma é inspiração de cresci-

De volta ao quintal mágico • 95

mento para ela e para os professores. A gente aprende a educar com a própria criança: antes de mais nada, mais do que os livros, a criança é espelho e referência. Nada funciona de fora para dentro; o conhecimento acontece primeiro dentro". Tião tem 50 anos e três filhos: Anaflor, 19, Noel, 15, e Yuri, 7.

Quando Tião chega à escola, com seu violão, os pequenos se aproximam, uns seguram em sua mão, perguntando o que vai tocar, outros já vão pegar o boi de veludo negro bordado com miçangas, no estilo característico do Maranhão. A espontaneidade é grande: sem que nenhum adulto comande, as crianças, em pé ou sentadas, formam uma espécie de roda, começam a cantar e batem palmas. Algumas trazem os tambores e acompanham o ritmo. Há uma certa disputa para ver quem dança debaixo da carcaça do boi; só aí Tião direciona um pouco. Mesmo para os alunos menores, o clima é contagiante. Quem vê pela primeira vez fica impressionado pela familiaridade das crianças com a música e a manifestação folclórica. É uma atividade que faz parte do dia-a-dia da escola, que não acontece como aula de música ou como um evento ensaiado. Elas realmente se apropriaram do boi do Maranhão. Tião nasceu José Antonio Pires de Carvalho, filho de Floriana, Dona Florzinha, excelente dona-de-casa, e de Feliciano Pepê Carvalho, agricultor, poeta popular e cantador de boi. Com 8 anos foi para São Luís morar com a tia: "Sou homem de duas mães". Saiu do Maranhão pela primeira vez aos 17 anos, rumo a Brasília, em 1973, integrando um grupo de folclore em jogos estudantis. Com 24 anos, mudou-se para o Rio de Janeiro e finalmente para São Paulo, sempre lidando com música e teatro. E a ginga, os cantares e os saberes do Maranhão entraram na Te-Arte. "Essa relação com a terra, as melodias e os gestos, as raízes religiosas, as **diferentes etnias** são valorizadas pela escola. Essa espontaneidade na relação com a cultura brasileira, com o cidadão negro é algo raro de se encontrar no sul, principalmente em estabelecimentos particulares. Eu estou levando cultura, estou falando de africanidade."

A cidade de Tião, Cururupu, fica no litoral maranhense; seus habitantes vivem de pesca ou agricultura. É uma região de influências indígenas e africanas. Tião conta que Cururu era um chefe tribal que lutou contra os colonizadores e acabou morto por arma de fogo, daí o nome Cururupu ("pu" era o ruído do tiro). Fala-se que o lugar também teria sido um quilombo: ali aportavam navios clandestinos e alguns negros conseguiam fugir antes de serem levados às fazendas, enquanto outros fugiam de São Luís. Quando criança, Tião assistia em Cururupu a muito Boi – não esqueçamos que o pai era cantador e amo de Boi –; Tamborinho; Tambor de Mina; Tambor de Crioula, de origem africana; Pajelança, indígena, vinda dos Tupinambás, Canelas, Urubus; Dança de São Gonçalo, uma espécie de pastoril, feita pelo Natal; e também a blocos carnavalescos, nos quais cada um se fantasiava como queria. Festa era o que não faltava, o ano todo.

O rapaz tocava tambores, berimbau, percussão. Também cantava. E jogava futebol. No bairro de Madredeus, em São Luís, participava do Boi e da escola de samba Turma do Quinto. Tião jogou capoeira de Angola com mestre Anselmo Barnabé Rodrigues, chamado de Mestre Sapo, aluno de Mestre Canjiquinha de Salvador. Abriu-se um outro caminho, uma outra leitura: tomava contato com os ritmos baianos. No final da adolescência, estava envolvido com teatro e dança – fez algumas viagens com o grupo Cazumbá, que trabalhava com pesquisa de danças maranhenses.

Num festival de teatro em Ouro Preto (MG), conheceu o diretor e ator Ilo Krugli e o grupo teatral Vento Forte. Nesse mesmo ano, 1979, viajou com o Vento Forte para um circuito universitário nos Estados Unidos e na Europa. Em seguida, o grupo se transferiu do Rio de Janeiro para São Paulo e Tião veio junto. Aí conheceu Vilma Sarti, professora da Te-Arte, que falou: "Vou te apresentar uma pessoa". Era Therezita. Tião conta que a escola foi paixão à primeira vista. No início dos anos 1980 começou a ir espontaneamente; logo aparecia três vezes por semana. O artista do Maranhão **descobria seu lado educador**: "Eu ia pra tocar, mas acabava fazendo um pouco de teatro, jogava capoeira, jogava bola... Além de tudo, eu tenho uma relação muito pessoal com crianças. Contava histórias e o Vento Forte tinha todo um trabalho de teatro infantil – toda uma geração se encantou com 'Histórias de lenços e ventos' –, isso ajudava e eu também tinha ouvido muita história com minha família". Nessa época, as crianças ainda tiveram aulas de dança com Maria Duschenes e Klauss Vianna, grandes mestres de São Paulo.

Tião passou dezoito anos no Vento Forte e permanece membro de uma espécie de conselho do grupo. Durante muito tempo, freqüentou a Te-Arte. Em 2005, ministrou oficinas de dança brasileira em atividades de secretarias de cultura: "Dou aula para homem, mulher, idoso, criança – precisa ter sabedoria para cada turma". Já trabalhou com psicólogos, atletas, pessoas que desejavam realizar um trabalho corporal diferenciado.

Chegou a dar aula para pai e filho, juntos; também ensinou dança para gestantes numa associação de mulheres.

O bumba-meu-boi, tradição familiar de Tião, acontece na época de São João e existe em vários lugares do Brasil. Tião explica que existem diferentes celebrações envolvendo o boi, que vão de uma tourada às farras do boi. "O Boi do Maranhão é uma forma bonita de lidar com música, dança, artes plásticas e o fator religioso". Os ensaios para o preparo do boi começam a partir do sábado de aleluia. Conta a lenda que certa vez um santo pediu emprestado o boi que pertencia a São João. O animal foi levado, passou de mão em mão e acabou abatido e devorado. Alguém, sensibilizado pela perda de São João, resolveu então homenageá-lo – e ao boi – com uma festa, que se tornou uma espécie de ópera popular. Também se inclui a história de Francisco e sua mulher, Mãe Catirina, que estava grávida e ficou com desejo de comer língua de boi. Os grupos compõem suas próprias músicas e todo ano apresentam novas composições; um grupo não pode cantar música dos outros. A festa do Boi acontece a partir de 13 de junho e tem seu apogeu no dia 24 de junho. Há uma tradição muito forte de bordar a carcaça do Boi, forrada de veludo negro, com miçangas, paetês e fitas multicoloridas. O Boi com que as crianças brincam na Te-Arte é bordado dessa forma.

Dançarino, contador de histórias, tocador de violão e compositor, Tião foi convidado a integrar o grupo Mafuá. O forró estava na moda e o grupo fez vários *shows* pelo Brasil afora. Em 2000, o Mafuá participou do Festival de Montreux, levados por Matilde e Jacques Rochas, pais de crianças que estive-

De volta ao quintal mágico • 99

ram nos anos 1980 na Te-Arte e que agora moram na Suíça. Gravou um CD com o grupo Mafuá, mas paralelamente cada um dos músicos continuou em seus trabalhos individuais. Em 2002, lançou um CD solo – *Quando dorme Alcântara* –, com composições próprias e de outros autores maranhenses. Tião diz que sente falta de ir mais vezes à Te-Arte: "Como educador, também sou aluno e estou aprendendo". Tem se dedicado à carreira musical, que exige viagens de quando em quando. Continua a dar aulas de dança: "Sou solicitado no que tenho habilidade". Gosta de fazer música, "pois é um todo que mexe com as pessoas; faz parte também de um sentimento de querer que o país dê certo, que a humanidade dê certo – e a música pode ser um instrumento".

Eliane, Marta e Lúcia:
mastigar, falar, comer, martelar

Eliane Becker é fonoaudióloga e ficou estarrecida na primeira vez em que entrou na Te-Arte. Therezita procurava uma fono que desse consultoria para escola, e, por indicação da mãe de um paciente seu – aluno da Te-Arte –, Eliane foi conversar com a educadora e ficou impressionada com o que encontrou. "Estatelei; sentei no banco sem conseguir andar nem falar. Estava estarrecida com tanta coisa inédita, **nunca tinha visto uma escola assim**". Desde então, passou a ser a fonoaudióloga da Te-Arte. Durante um tempo atendeu crianças dentro daquele espaço, porém, logo começou um trabalho diferente: mais profilático, mais preventivo e em grupo. Sempre de forma lúdica, com jogos e brincadeiras, ela realiza estimulação de lábio, de língua, de mastigação. Dá muita atenção à alimentação, oferecendo coisas duras como coco, talos de erva-doce e cenoura crua. "Até como chupar laranja a gente precisa mostrar para as crianças, porque elas têm pouco contato com a fruta ao natural. Assim, ensino a chupar cana, a comer alcachofra; elas precisam aprender a se sujar. Acho muito importante a criança poder ficar suja. Tem o dia de chupar macarrão, corto o espaguete no meio e elas têm de chupar; ficam todos lambuzados, babados, melados e isso é ótimo. O negócio é variar porque exercitar as bochechas, os lábios, a língua e os maxilares, além de fazer bem para a digestão, ajuda a pronunciar melhor as palavras."

Uma vez por mês, Eliane vai à Te-Arte acompanhar as crianças: "Cada dia que passo aqui, aprendo mais e fico boquiaberta com o desenvolvimento dos alunos. Trabalhei com judeus ortodoxos e, com 3 anos, eles têm de ficar sentados na classe, quietinhos e já fazendo exercícios visando uma escrita. Mas para isso a criança precisa estar madura neurologicamente – só por volta dos 7 anos, quando troca os dentes incisivos, é que está pronta para aprender a ler e escrever. Por exemplo, no 'p' e no 'b' a bolinha e o pauzinho estão em posições diferentes: ela só vai saber distinguir isso se o seu corpo se locomoveu bastante no espaço. Se eu subi, desci, pulei, aí vou entender o embaixo, o em cima. Diferentes idades convivendo juntas também ajuda na aprendizagem, pois as crianças têm comportamento imitativo".

Eliane nota quando alguém passa para outro estágio: "O pequenininho começa na areia, na mesa do lanche, às vezes na argila; quando sobe no campinho, ele cresceu, está subin-

De volta ao quintal mágico • 101

Comer a fruta com as mãos estimula o tato, a percepção de texturas e temperaturas.

O piano, sempre aberto à experimentação musical.

do porque está se direcionando para um outro interesse. Isso me fascina".

~~

Quando Estudava pedagogia, na PUC-SP, **Marta Marcondes** conheceu o trabalho da Te-Arte e pensou: quero colocar meu filho neste lugar. Fez especialização para deficiente auditivo e tem muita experiência na área de brincadeiras: já trabalhou na APAE, no Laboratório de Brinquedos (Labrinc), na brinquedoteca da USP, e no programa Férias no Minhocão, no elevado Costa e Silva, durante a gestão de Luiza Erundina na Prefeitura de São Paulo.

Marta foi criada em fazenda; passava muito tempo com os avós em Jacarezinho (PR) – seus pais eram separados. Entrou para escola somente aos 7 anos e a vida toda foi semi-interna no Nossa Senhora do Morumbi e no Madre Alix. Morou um ano em Londres numa escola e aprendeu terapia de Bobath com uma colega. Gostava de trabalhar com crianças com paralisia cerebral. Quando teve os filhos Pedro e Marina, colocou-os na Te-Arte e, mais tarde, como outras mães, Marta passou a trabalhar na escola. Ficou durante três anos e então voltou a dedicar-se inteiramente à USP e à possibilidade de cursar o mestrado sobre brincadeiras. Passou a trabalhar com eventos e, em 2005, quando Therezita fraturou a perna, Marta foi chamada para ajudar, assumindo a cozinha da Te-Arte. "O fogão à lenha, a memória gustativa da comida caipira, tudo me traz prazer." Ela explica que não é fácil trabalhar com educação de crianças: "Em cada situação, você é agente, **você decide, e**

decide sobre um outro ser, a cada segundo. Nessa idade, educar é estar atento 24 horas e ser coerente 24 horas por dia. A minha geração tem uma cultura de regras, assim, assim e... Temos de levar as crianças a fazer seu caminho; se não deu certo, a gente achava que a culpa era da regra. A criança está te testando; o tempo inteiro pede para você crescer. Uns pedem, ficando quietinhos, outros pedem com agressividade. Você precisa olhar para várias direções: um é silábico, outro é global, o tambor tocando, você tem de ensinar prestando atenção em cada um".

Marta, que tem uma ligação com a antroposofia (doutrina a respeito da natureza espiritual do ser humano), acredita que o trabalho da Te-Arte com os quatro elementos – água, terra, ar e fogo – e, principalmente, o trabalho com as fogueiras guardam alguma semelhança com os princípios antroposóficos desenvolvidos pela pedagogia Waldorf.

~~~

Maria Lúcia de Godoy também conheceu Therezita primeiro como mãe à procura de escola para os filhos. Maria Lúcia estudou Artes Plásticas na ECA-USP, onde entrou em 1978; cursou matérias pedagógicas na Faculdade de Educação, e então soube, pela professora Lisandre, da existência da Te-Arte. Em 2004, quando seu mais novo saiu da escola, a piracicabana pediu para estagiar lá; depois de um semestre, Therezita chamou-a para integrar a equipe.

Um dos motivos para querer estagiar era a simpatia pelo ambiente: "O universo é familiar, sedutor. Tenho ateliê, oficina, mas sentia como um trabalho meio isolado, que não tinha muita troca; queria me lançar numa atividade em que pudesse interagir mais com outras pessoas, com crianças". No princípio, como artista, Maria sempre trabalhou com madeira; então começou a construir coisas com blocos e resolveu arrumar a marcenaria, um tanto fora de uso. Fez levantamento das ferramentas, afastou a bancada da parede e arrumou toda a sala. Dois pais de alunos – marceneiros, artesãos – passaram a trazer pedaços de madeira e Maria foi criando formas de usar esses materiais.

Maria Lúcia faz restauração, trabalho de "*assemblage*", e por isso sempre teve bastante contato com madeira. Notou que as crianças manifestavam uma certa necessidade de juntar peças e fabricar objetos como escudo, espada: "A sugestão vêm mais deles do que de mim". E agora que se achou na marcenaria, a artista plástica não consegue mais sair. "As crianças de 3 anos gostam de manipular as ferramentas. Geralmente vêm mais meninos, mas tem menina que gosta, bate cada pregão. Às vezes passam o dia todo lixando a madeira. Eu também arranjei uns serrotinhos para eles."

Em pé em cima de um bloco, a fim de alcançar a altura da bancada, estão uma garotinha de 3 anos, um menino de 4 e outro menino de 3. Maria Lúcia pergunta o que cada um quer fazer e a resposta é unânime: espadas. Ela coloca o prego na madeira e martela para que a criança comece a bater num prego já um pouco fixo, de modo que evite acidentes do tipo martelar o dedo enquanto segura o prego para a primeira martelada. Obviamente são pregos bastante grandes. Maria Lúcia estimula: "Olha, o João está conseguindo! Cadê a força do

João? Cuidado com a mão, tem de olhar para o prego, olha o dedo... Mariana, segure o martelo com as duas mãos, é melhor pra você...". É impressionante como as crianças, lado a lado, conseguem lidar com martelos – tamanho padrão, de adultos – e pregos sem se machucar e sem atingir o colega.

"Nunca havia trabalhado com criança pequena, mas é um trabalho gostoso, nada monótono e muito renovador." A artista plástica está percebendo quanto a marcenaria pode ser pedagógica: "As crianças experimentam peso, força e se sentem confiantes quando conseguem martelar o prego até o fim sem entortar. Quando conseguem fazer um objeto, pode ser um banco, uma caixa: produziram uma obra. Essa atividade pode ser preparatória para o desenvolvimento futuro de uma linguagem. Cria senso formal, cria uma idéia de processo e de fabricar. De vez em quando, algum monta um objeto 'não-identificado' e eu pergunto: 'Onde vai colocar isso?'; então ele inventa uma finalidade para sua criação. Isso é fascinante".

Luciana: mestrado e barro; Araceles: quintal de vó

Luciana Sedano fazia formação para magistério (ensino médio) em um colégio público estadual de São Paulo. Conheceu a Te-Arte por intermédio de dois professores cujos filhos estudavam lá. Therezita precisava de estagiários, ela veio conhecer, fez estágio, mas não sabia que havia possibilidade de contratação.

Estava então com 18 anos, e foi paixão à primeira vista: **"Tudo que eu havia estudado, eu via lá,** expresso na atitude dos professores. Geralmente nos estágios eu via o oposto do que tinha aprendido. Saí chorando quando acabou o estágio na Te-Arte. Aí, a Tê me chamou para integrar a equipe – fiz o estágio em 1992 e comecei a trabalhar no início de 1993". O curso de magistério de Luciana fazia parte de um projeto muito interessante: o Cefam (Centros Específicos de Formação e Aperfeiçoamento do Magistério), em que o período era integral e o aluno recebia uma bolsa no valor de um salário mínimo. Esse projeto não existe mais. Em 1993, Luciana também entrou na pedagogia da USP.

Depois de um curso de magistério bastante instigante e de ter passado por estágios, Luciana trabalhava na Te-Arte de manhã e fazia faculdade de pedagogia à tarde. Participava de uma prática que não encontrava eco nos primeiros tempos da universidade: "Sofri para entender a área acadêmica. Vivendo a educação no sangue, sentar na carteira e ver pessoas elucubrando sobre experiências pedagógicas na França, na Holanda... Criei um ranço, tanta teoria e tão pouca ligação com a sala de aula. Permaneci de teimosa, foi um ano e meio conflituoso. Quando entraram as metodologias, eu me achei".

Luciana viveu uma infância gostosa, "em quintal de vó, subindo em pé de goiaba, com terra, barranco". Por isso, identificou-se tanto com a Te-Arte. "Quando comecei na Therezita, reencontrei essa menina; saía extremamente suja, parecia que tinha cavado poço. Não podia ir numa agência no banco daquele jeito. No início pensei que me sujava por causa das crianças, mas depois percebi que era eu quem tinha a necessidade de me sujar, de reviver a terra que tive em Guaianases. Foi exatamente até os 6 anos; não cursei educação infantil, mas estava sempre no quintal da minha avó, brincava com primos mais velhos. Com 7 anos, entrei para a escola pública no primeiro ano formal e fui indo bem. Só encontrei um enorme problema: não pintava dentro do desenho mimeografado; pintava a folha inteira e tomava nota baixa. Mesmo assim curtia muito a escola."

A Te-Arte foi a primeira experiência profissional de Luciana: "Therezita teve muita ousadia em acreditar em alguém tão jovem; eu nunca havia trabalhado em outro lugar. Acho que a Tê possui um olhar especial, sentia como se estivesse recebendo conselhos de uma sábia". Luciana trabalhava todos os dias até 1998, quando também começou a dar aulas para classes de 1ª a 4ª séries na Escola de Aplicação da Faculdade de Educação da USP. Aí, de 1999 a 2001, passou a ir duas ou três vezes por semana à Te-Arte. Em 2002, quando ingressou no mestrado – defendido em 2005 –, não pôde mais continuar. "Quando pedi demissão, senti que era como casa de mãe: um dia a gente tem de sair, tem de aprender a crescer". No princípio, Luciana sofreu muito com os limites, um dos temas centrais da Te-Arte: "Eu tentava procurar um padrão para os limites; por que com aquela criança não era necessário e com a outra era. Sabia que o limite deve respeitar a situação de cada um, porém na situação de conflito procurava desenvolver um *feeling*. Às vezes achava que a criança estava fazendo birra, quando na verdade ela precisava de colo". Luciana conta que, um dia, azucrinou uma menina que brincava no tanque de areia para que tirasse os sapatos; argumentou até conseguir que a menina o fizesse, mesmo contra sua vontade, e ficasse descalça. "A Tê me chamou depois", continua, "e me disse que eu tinha sido autoritária. Aconselhou-me a brincar com a garotinha e a tirar o sapato, porque era o meu sapato que eu queria tirar; talvez aí ela resolvesse tirar também, sem que eu precisasse falar."

Era uma busca muita sofrida: "Foi duro ouvir que eu tinha sido autoritária. Houve um tempo em que eu queria ter o olhar sábio da Tê; no entanto, o caminho não era esse. Só depois fui entender que precisava ter a minha própria atitude em relação aos limites, não podia ser um arremedo da Tê. Na escola, há uma busca pela excelência; não é o perfeccionismo nem o exibicionismo, é o crescer, é o olhar atento".

A educação infantil que ela praticava e as aulas na USP eram dois universos diferentes: "Havia momentos em que eu saía desestruturada, me sentia pelo avesso. Dava importância ao conhecimento recebido na USP, mas vivia muito intensamente cada minuto passado na Te-Arte". Luciana acredita no **predomínio da ação em vez da verborragia.** "Na Tê, eu via que, em qualquer atividade, o importante era a atitude clara, sem muita falação. Certa vez, num dia muito frio, vi um menino tirar os sapatos e as meias. Comecei um discurso filosófico: olha para o céu, não tem sol, olha quanta nuvem, está nublado, por isso você não pode ficar descalço. Falei, falei; ele ficou quieto, tinha certeza de que me entendia. Calcei o sapato nele, até que ele me olhou e disse: 'Tá bom, mas agora eu posso tirar o sapato e a meia?' Respondi que não, porque estava frio; ele se deu por satisfeito e foi brincar. Essa cena me deu a exata noção de que eu havia discursado demais." Luciana salienta ainda que aprendeu muito nas reuniões diárias de dez minutos e nas reuniões de pais.

De volta ao quintal mágico • 109

"Conheço muitos espaços, mas não conheço nenhum outro que respeite tanto o brincar como a Te-Arte. O piano está sempre aberto para quem quiser usar; as crianças brincam o tempo todo, em todos os recantos da escola." A profissional formada em pedagogia, com mestrado em educação – em que defendeu uma dissertação sobre o ensino de ciências e formação de atitudes –, diz que só agora as escolas de educação infantil estão começando a acordar para a importância do brincar. "Muitas linhas pedagógicas", continua, "reservam o brincar espontâneo apenas para a hora do recreio. Do mesmo jeito, a área das artes, pela própria necessidade de valorização frente às outras matérias, acaba sendo justificada como tendo conteúdo, como sendo a educação do olhar... Não se fala só em criação, sempre se pensa numa finalidade de instrumento para aprender outros assuntos. Tenho consciência de que brincar é a atividade mais importante da criança, é uma atividade que não precisa ser instrumentalizada". Luciana, que trabalhou com a importância do grupo em sua pesquisa de pós-graduação, orientada pela professora Ana Pessoa de Carvalho, afirma que a semente de sua busca de atitudes grupais está na Te-Arte.

Outro aspecto que surpreendeu Luciana, chegando à Te-Arte, foi ver que as crianças portadoras de deficiência física eram alunas de todos, não existiam professores especializados neste ou naquele problema. "Não é preciso professor tarimbado para cuidar daquela criança. Penso que às vezes a questão da inclusão está desgastada. Deficiência? Quem não as têm? São apenas níveis, cada um com seu enfoque. Na Te-Arte, a criança portadora de deficiência tem seu espaço, seu momento. Todos os adultos trabalham com ela, quando acontece a ocasião."

Há uma característica no trabalho da Te-Arte que Luciana gosta de reforçar: a relação de Therezita com as famílias e com a equipe. "É uma coisa muito clara e transparente. Existe um consenso de que as famílias depositam na Tê suas demandas, e ela exerce um papel de filtro entre a família e os professores, para não contaminar os profissionais. Demorei para entender esse sistema, mas creio que funciona muito bem. Na Te-Arte, a família se reúne com a Tê numa sala separada e depois Therezita discute com os professores as questões levantadas. Existem escolas em que os pais reclamam de algo com um professor, comentam com um outro, e tal atitude acaba minando as relações. Apesar de os pais da Te-Arte entrarem junto com os filhos em todas as dependências, quando chegam pela manhã ou quando vão buscá-los, Therezita centraliza nela os possíveis curtos-circuitos. Assim, os problemas não se potencializam." Luciana lembra uma vez em que uma mãe não gostou de uma atitude sua, e foi se queixar à Therezita, que teve muita clareza: "Ela conversou comigo e eu pude reconstruir e entender o meu agir, embora tivesse atuado adequadamente. Esse fato mostrou para mim como a Tê sabe clarear a relação entre os profissionais e a família, sem tomar partido *a priori* de um lado ou de outro".

Até quando vem visitar a Te-Arte, Luciana dificilmente sai sem se sujar um pouco. "É a minha necessidade de sujeira." Por isso mesmo, ela sempre gostou muito de trabalhar com argila; e também gostava de pintura e das danças: "Eu me realizava porque podia dançar do meu jeito. Não tinha de saber capoeira para entrar na roda, cada um dançava a sua capoeira". Luciana também se divertia muito com os imprevistos. "Uma vez estávamos fazendo um baile de carnaval e Therezita disse: 'Vai lá, pega a cabeça do palhaço'. Eu já sabia que ela tem um olhar que abrange 360 graus. Eu não achava, ficava olhando para todos os lados. E ela: 'Procura com olho de achar'. Até que lembrei, lá fora, a tampa do lixo; e a Tê dizendo: 'Pode pegar, está limpo'. Eu pus a tampa do lixo na cabeça e mal conseguia dançar; a Renata também morria de rir."

~~~

Araceles Sedano é irmã de Luciana, mas muitos pais custaram a saber desse parentesco. Com uma boa diferença de idade, Araceles conheceu a Te-Arte acompanhando a irmã que vinha nas férias, com outros professores, para organizar o almoxarifado. Araceles ficava brincando naquele espaço, que achava um encanto; montou no cavalinho de madeira, entrou na casinha e, quando foi descer do escorregador, bateu a cabeça no batente –, era um pouco grande para aqueles brinquedos.

Ela também viveu pelo quintal da avó, mas um pouco menos do que a irmã. A avó já não morava tão perto e Araceles ia visitá-la no fim de semana, e dormia por lá. Brincava muito com os primos, brincava na rua, e lembra que o máximo era poder dar a volta no quarteirão durante o esconde-esconde. A jovem Araceles começou a trabalhar na Te-Arte aos 17 anos: "A Tê chamou meu irmão para ser Papai Noel, perguntei se podia vir junto na festa; eu tinha 16 anos. Fui e me dei muito bem com as crianças. Em janeiro de 2000, Therezita perguntou se eu queria trabalhar na Te-Arte; falei com meus pais e comecei a ir". No primeiro dia, sua irmã Luciana também estava;

no outro dia, veio sozinha e aí precisou andar com as próprias pernas. "Sempre preservamos a individualidade, não ficando muito juntas; quando Luciana saiu da escola, ainda havia pais que não sabiam que éramos irmãs. Conversávamos em casa sobre minhas dificuldades." Uma de suas melhores recordações é ter sido a primeira professora a se vestir de noiva; antes só as crianças se vestiam de noivo e noiva. Outra lembrança gostosa foi um passeio no Parque da Água Branca: trinta crianças com três professoras. "Era muito bom ver como elas se comportavam fora do ambiente da escola, ver como elas são, fora de lá. E faziam perguntas ótimas!"

Araceles não pensava em ser professora como a irmã; na verdade, foi o convite de Therezita que abriu essa possibilidade de atuação. "Acho muito importante o fato de a Te-Arte abrir possibilidades para profissionais de outras áreas que não as pedagógicas", diz a estudante de arquitetura.

"O que eu mais gosto da Te-Arte é a Therezita", afirma Araceles. "Para mim, ela é uma avó bem gostosa, que sabe o dia em que você não está legal. E tem sido um contato muito bom. Também nunca senti diferença, por parte dos que têm mais experiência, algo como 'A Araceles não é pedagoga'. Discutimos os assuntos no mesmo nível. Therezita também não gosta muito quando alguém vem entregar currículo; ela prefere ver como a pessoa se vira com a criança." Araceles conta que Renata ajudou-a bastante, como uma espécie de irmã. Ela acha "muito bonito o fato de homens trabalharem na Te-Arte. Só fui ter professor homem no colegial. É muito bonito ver um homem pegar crianças tão pequenas, ver um André, um Fábio, que é tão grande, alto, segurando um nenê no colo".

De volta ao quintal mágico • 113

Nesta página, as fotos são do início de 1980, na casa de Perdizes.

Therezita no lanche compartilhado, em mesa bem baixa, sempre com frutas.

As festas sempre são momentos muito agradáveis: "Gosto das festas que têm participação das famílias. No final da festa junina, por exemplo, os pais entram, não precisa ser uma quadrilha toda marcadinha; os pais sobem, colocam fantasias e saem dançando junto com as crianças. É incrível o contato das crianças com o sanfoneiro, senhor Dimas, que já vem há muitos anos tocar no mês de junho". No item comida, Araceles aponta o cardápio dos aniversários: a família do aniversariante traz um lanche de alface, cenoura, pepino, tomate e beterraba, mais os temperos – maçã, laranja, cheiro verde, cebola. Com esses temperos picadinhos, as crianças fazem trouxinhas de alfaces, muito apreciadas por todas. Além disso, são trazidas frutas da época. As crianças comem, depois vem a "pinhata" – no campinho, junto ao pé de carambola ou no salão, se houver chuva –, e por fim o bolo, sem grandes recheios ou coberturas.

Araceles admira muito os alunos da Te-Arte. "Acho espetacular como as crianças têm independência, inteligência no falar, no comportar. Eu comparo: **as crianças de 1 ano e pouco da Te-Arte sobem e descem escadas sozinhas, andam em lugares difíceis**; as crianças de fora não conseguem, pois não conhecem seu corpo, não têm relação com o corpo." A relação com os animais também é um ponto fundamental: "A criança poder entrar no galinheiro, pegar a galinha, correr atrás quando elas escapam..." Araceles lembra que, há uns anos, uma pessoa ligada a uma granja trazia uma porção de pintinhos e era a maior alegria quando os bichinhos chegavam. Alguns morriam, mas esse processo era trabalhado para ser entendido como o ciclo da vida.

De volta ao quintal mágico • 115

Nessa linha, Therezita costuma matar de quando em quando as galinhas que vivem no galinheiro da escola. Araceles conta que não se espanta muito porque sua mãe sempre matou frangos e galinhas em casa e lhe dizia que, se quisesse ver, tinha de ver sem dó, porque senão a ave não morre direito. E Araceles sempre viu. Na Te-Arte, as crianças que querem ver Therezita matar as galinhas vêem. Araceles diz que é tudo muito bem explicado; Therezita fala que vai matar para poder comer. Depois muitas crianças perguntam se o frango que estão comendo é aquele que foi morto.

Escolher o presente de Natal bem antes é outro sistema interessante: "Geralmente são brinquedos simples, de madeira, diferentes entre si. Só uma vez eram iguais: porquinhos de barro, mas ainda assim cada um tinha uma carinha. Cada um escolhe o seu presente, embrulha, a gente põe nome e depois elas guardam no baú do Papai Noel. Mesmo sabendo qual é o presente, não perdem a sensação de ganhar do Papai Noel – que é sempre alguém de fora que vem no último dia de aula". Araceles também vê como muito natural as "comemorações" religiosas na Te-Arte. "Tem procissão de Nossa Senhora Aparecida, do Divino Espírito Santo; montamos presépio, mas também uma avó ou uma mãe judia vem contar o Ano-Novo dos judeus. As crianças ajudam a enfeitar os andores, as mesas, se vestem de anjinhos; Renata ensaia músicas com os maiores e o cortejo dá a volta pela escola toda, sai na rua cantando e retorna."

As demonstrações de afeto, coloca Araceles, são muito espontâneas: "Não há ritual de chegar, cumprimentar, dar beijo na professora; cada um tem sua maneira. Acho muito gostoso como as crianças voltam para mim: estou sentada, não estou esperando, um vem e me dá um abraço, outro vem e pede, quero um pouco seu colo". Talvez seja só um período da vida de Araceles, que já está há cinco anos e meio na Te-Arte; a jovem universitária pensa em fazer projetos arquitetônicos relacionados a crianças. No entanto, considera ser possível conciliar as duas atividades, a pedagogia e a arquitetura.

Thereza Soares Pagani:
de Colatina a Vila Gomes

No centro do tanque de areia, olhos vendados, ela vibra o bastão e tenta acertar a "pinhata" – bicho feito de colagem de papel, com guloseimas dentro. As crianças em sua volta, como em toda sua vida, desde que se conhece por gente. Cantam a música que todos conhecem, pedindo que a "pinhata" se rompa. A torcida é geral, à espera de que o peixe se despedace para então apanharem os doces.

Ela, a personagem central, não gosta de se mostrar muito. Aos poucos, as pessoas vão conhecendo **Thereza Pagani**. É clara e decidida; sua presença forte, notada aonde quer que vá. Mas é com as crianças que ela se mostra mais; com os adultos, o processo anda mais lento. Vinte anos depois, sentada, Therezita observa as crianças se revezando para bater na "pinhata". Estamos próximos do Natal, a figura da pinhata é um Papai Noel e sua cara é uma reprodução fotográfica do rosto de Therezita. Alegremente, as crianças "batem" na dona da escola, numa apropriação antropofágica de contestação de autoridade.

Dos quintais de Colatina, no Espírito Santo, onde nasceu, Thereza, de apelido Therezita desde o berço, veio parar nos quintais urbanos de São Paulo. Veio transformar simples quintais em quintais mágicos.

Therezita nasceu de parto muito demorado em Colatina (ES), aos 22 de agosto de 1931, filha de um abastado comerciante de origem italiana. Tinha um irmão apenas dez meses mais velho, e foi caçula durante cinco anos. "Pude realmente ter infância: numa cidade pequena, com avó, pais, tios, primos..."

Sua avó se chamava Thereza e só consentiu que a neta recebesse o mesmo nome caso fosse registrada como Therezita: esse era o nome de uma bailarina espanhola, que passara pela cidade com muito sucesso.

Não fez pré-escola, estudava com professor particular até 8 ou 9 anos. Seu tio e padrinho, farmacêutico, percebeu que a sobrinha não conseguia ler os nomes dos remédios, nem fazer conta. Foi levada então ao colégio de freiras, onde não se adaptou à disciplina rígida. Era chamada de "cabrita branca" por ser muito clarinha e viver fazendo arte. Saiu do colégio, voltou a ter professora particular, desta vez uma moça solteira malvista na cidade. Mas era uma ótima professora; Therezita queria saber ensinar igual a ela quando crescesse. Foi cursar o ginásio em colégio interno na capital, Vitória, onde ficou por dois anos. A Segunda Guerra acabara, e decidiu ir para o Colégio Sion de Petrópolis "porque minha tia Marieta e minha mãe falavam francês e eu queria saber o que elas diziam". Lá era "anjo" – menina mais velha encarregada de tomar conta do dormitório das pequenas –, o que incluía consolar, contar histórias, ajudar a vestir etc. Sempre gostou de se dedicar a crianças pequenas. Terminada a 4ª série ginasial – "no Sion, eu comecei a me gostar, antes me achava meio burra, meio criança-problema" –, partiu para o Instituto Nacional de Música, no Rio de Janeiro. Tocava piano e os professores diziam que era muito talentosa. Therezita saía dos concertos do Municipal e ia para as favelas Formiga e Buraco Quente, ajudar em maternidades, creches: sentia falta do contato com crianças. Nas férias, voltava a Colatina via Vitória, de avião e trem. Estava para prestar o exame final do Instituto de Música quando sua mãe morreu, ao dar à luz o décimo terceiro filho.

Therezita tinha 18 anos, queria estudar filosofia. Retornou à casa paterna, quase assumindo o lugar da mãe. Aliás, por ser a irmã mais velha, desde os 10 anos davam-lhe responsabilidades no esquema familiar. Era madrinha da primeira irmã que nasceu. Namorava um engenheiro, mas os planos de casamento tiveram de ser esquecidos, o pai precisava de sua ajuda para criar tantos filhos pequenos. Começou a dar aulas de piano.

Vila Lenira, bairro pobre de Colatina, era um de seus lugares preferidos. Num galpão de café, alfabetizava adultos, ensinava costura para as mulheres; seu objetivo, contudo, era mesmo ter contato com as crianças que viviam atrás de suas brincadeiras e histórias.

Aos 26 anos, Therezita foi convidada, pelas freiras do Sion, a fazer um curso sobre o método Montessori em São Paulo. Resolveu ir, e, embora o pai não aprovasse a idéia, fez as malas e levou consigo cinco irmãos: Bel, Vicente, Margarida, João e Zélia. Era a primeira vez que ia a São Paulo.

Trouxe mantimentos suficientes para um ano e os móveis da casa de praia da família, em Nova Almeida. Como o pai fosse contrário a sua vinda, precisou se manter e aos cinco irmãos. Alugou um apartamento (uma das madres foi sua fiadora), ar-

De volta ao quintal mágico • 119

ranjou colégio de graça para os irmãos e dava aulas particulares de pré-alfabetização: "Nós morávamos acampados".

Quando fazia o curso Montessori, percebeu que **as crianças paulistas – as crianças da metrópole – tinham pouca atitude de brincar**, com raríssimas exceções: "Elas não sabiam o que era brincar, apesar de morarem em casas com jardim e quintal. Comecei a usar coisas simples, mas que atendiam às necessidades daquela faixa etária".

Seu trabalho foi ficando conhecido. Usava material de música na alfabetização e conseguia verdadeiros milagres. Convidada para ser sócia da escola Mater Dei, não aceitou. Ainda procurava seus caminhos e intuía que eles passavam pela arte. Durante o curso de Montessori, não concordou com muita coisa. "Criança normal precisa de método de criança normal. Para que usar um método de crianças com dificuldade?"

Arte para crianças, alfabetização... Therezita foi participando de seminários, assistindo a palestras. Fez o curso de Fanny Abramovich. Seus irmãos cresciam; ela estava amadurecendo em sua vocação. Continuava a dar alfabetização e acompanhamento escolar; já possuía muitos alunos. Começou a trabalhar numa escola de artes para crianças na zona sul de São Paulo e logo suas classes eram as mais requisitadas – a ponto de a dona dedicar-se só a adultos e adolescentes, deixando os menores com Therezita. Ao fim de um ano, foi-lhe proposta uma sociedade, verbalmente. Therezita trabalhou com bastante sobrecarga durante um semestre e depois viu o acordo de sociedade desmentido. Aborrecida, largou a escola e resolveu tentar seu próprio caminho.

Sempre que ia ao analista, em Higienópolis, passava em frente de uma casa que a atraía, pelos sons harmoniosos que lá se produziam: era a Pró-Arte, entidade de ensino e divulgação de música. Therezita decidiu entrar e perguntar se por acaso existia algum espaço onde ela pudesse desenvolver um trabalho de artes plásticas. Foi recebida pelo diretor, o pianista Gilberto Tinetti, que se interessou por suas idéias e acabou lhe dizendo que começasse na semana seguinte, se quisesse. Eram meados da década de 1960.

Como autônoma, ocupando um espaço externo, Therezita tinha enfim sua escola. Alguns alunos da escola anterior vieram, e logo ultrapassavam meia centena. O quintal da casa onde estava instalada a Pró-Arte abrigava árvores frutíferas, que foram incorporadas às atividades. Os alunos de Therezita de vez em quando assistiam às aulas de música, ou a audições, sempre respeitando os limites impostos. Músicos famosos realizavam verdadeiras demonstrações às crianças, enquanto estudavam. Além disso, argila, tintas, teatro, história completavam os dias.

Houve um acerto na Pró-Arte de que a escola de Therezita passaria a um prédio próprio. Ela encontrou uma casa nas Perdizes e terminou por ficar independente. Associou-se a Ediva, mãe de um aluno, e depois à irmã mais nova, Bel. Bel terminara ciências sociais, dera aulas em faculdade, mas estava decidida a trabalhar com crianças. Era 1975.

Do ateliê de Maria Célia Amado Calmon, perto do Jóquei Clube, passando pela Pró-Arte, até chegar à rua Conselheiro Fernando Torres, nas Perdizes, os passos de Therezita sempre caminharam em direção à criança. Mudara de um contato de duas horas semanais para duas vezes por semana e, finalmente, todas as manhãs. Agora tinha também um espaço mais adequado para o desenvolvimento de suas idéias, naquele terreno em declive de 600 m², com muita terra, árvores frutíferas, e uma casa velha e simples que servia de abrigo em dias de chuva – e era esquadrinhada em cada recanto pelas crianças. Os alunos vinham porque alguém dava a indicação aos pais: nunca houve propaganda do curso de Therezita, na Pró-Arte, ou nas Perdizes; era boca a boca mesmo.

Chegou a ter noventa alunos: de manhã, eram os pequenos até 7 anos; à tarde, os alunos iam de 8 a 15 anos. Quando foi para as Perdizes, já praticava uma atitude (que defendera desde o ateliê de Maria Célia) bastante inovadora para a época: ter uma criança com dificuldade real, aparente, dentro de cada grupo de dez. Houve caso de criança deficiente que precisou aguardar vaga, pois essa proporção seria ultrapassada. No caso dos adultos que trabalhavam na escola, a proporção era a mesma: um adulto para dez crianças. A equipe ia aumentando conforme a necessidade. Havia a Neide, professora com bastante experiência, a nissei Lucinha, bem jovem, a fonoaudióloga Lucia Werner, Magno C. Bucci, que trabalhava com teatro e depois fez tese sobre teatro-educação, entre outros.

Therezita não dava treinamento formal para nenhum dos novos integrantes da equipe – "conforme o que a pessoa ia percebendo, ia sentindo a necessidade, aí eu tentava dar ou indicar alguma infra-estrutura". Toda semana realizava uma reunião de estudos (a princípio nos sábados de manhã, depois às quartas à noite e finalmente às quartas depois do período da manhã). Nessa época, o psicanalista Nelson Pocci já fazia grupos de discussão com o pessoal da escola, em seu consultório. Esses grupos duraram mais de três anos. Depois, a equipe participou de psicodrama com Alicia Romagna e com Marisa Greeb.

A idéia de se fazer uma reunião de dez minutos todos os dias foi sugerida pelo doutor Nelson; cada um faria uma síntese e **ninguém ficaria engolindo sapo**, o que atrapalharia a relação dos adultos entre si e com as crianças – também seria uma disciplina falar rapidamente a situação e se colocar. Essa reunião, às vezes, era substituída por uma anotação no "caderno de dez minutos", quando alguém precisava sair imediatamente. Tal rotina perdura até hoje, com excelentes resultados.

Depois do trabalho de psicodrama pedagógico com Marisa Greeb, o pessoal de Therezita fez dança brasileira com Raquel Trindade. Nos anos 1980, tais atividades com a equipe deixaram de acontecer: não houve psicodrama nem grupo operativo. Além do custo, havia o problema de que nem todos estavam no mesmo nível a fim de poder aproveitar bem esse trabalho. "Continuamos com as reuniões de dez minutos e também marcamos reuniões especiais quando há necessidade de se ler um livro, discutir determinado assunto etc." De qualquer modo, seja por busca ou necessidade pessoal de cada integrante, o trabalho da Te-Arte sempre primou pelo forte embasamento psicológico e/ou psicanalítico.

Bel, irmã de Therezita, e Ediva, a mãe que virou sócia e depois membro da equipe, ficaram na Te-Arte até fins de 1981. Therezita arranjou outra sócia apenas para compor juridicamente a sociedade e continuou levando adiante a Te-Arte. Resolveu sair da casa alugada, nas Perdizes, e arranjar seu próprio espaço. Ficou por um bom tempo procurando terreno, até que achou um na Vila Gomes, no Butantã, onde construiu as instalações da escola, aproveitando os desníveis do terreno e deixando as árvores já existentes. No início de 1985, a Te-Arte transferiu-se para o Butantã. Vilma, Colette, Flávia Miragaia, Márcia Alves e Etelvina a acompanharam. Logo estava toda ajardinada, com áreas de grama, muitas flores, trepadeiras subindo nos mourões que sustentam a cobertura de telhas que protege um caminho sinuoso até o galpão central, bananeiras com enormes cachos, galinheiro. A Te-Arte continuou sua trajetória de unir o mágico ao que existe de mais comum na vida. Therezita morava com o pai, idoso (falecido em 2000), num apartamento nas Perdizes.

Quando se pergunta a Therezita quais as pessoas que exerceram influência decisiva em seu trabalho, ela sempre se refere, primeiramente, ao doutor Nelson Pocci e ao mestre de judô Kurachi. Vilma Sarti foi outra presença significativa, com atuação que aumentou ainda mais na escola do Butantã. O doutor Nelson aprofundou o trabalho psicanalítico que Therezita já realizava, há anos, com outros analistas; e, mais ainda, mostrou-lhe as possibilidades da educação por meio da arte e à luz da psicanálise. O contato com Kurachi aconteceu por intermédio do doutor Nelson. "Começamos a ter uma série de necessidades relativas ao contato físico da criança com o adulto e vice-versa. Só pôr no colo bastava? O que era carregar no colo? E os outros tipos de contato? Pensamos em exercícios, mas não era como um procedimento fisioterapêutico, de estimular certos movimentos. Tratava-se mais de contato corporal mesmo; e também de modelos de atitudes corporais. Um modelo que não fosse rígido, a ser imitado igualzinho. A idéia era uma atividade que direcionasse sem enquadrar."

O doutor Nelson disse conhecer uma academia onde havia uma pessoa que trabalhava nos moldes imaginados pelo pessoal da Te-Arte. A equipe foi até a tal academia e lá conheceram Kurachi. Inicialmente, desenvolveram trabalho de corpo baseado no judô. Pensou-se até que os adultos da escola, depois de um certo treino, poderiam ensinar aqueles exercícios às crianças. As opiniões eram divergentes. Alguns achavam que só os meninos deveriam fazer. Até que Therezita, antevendo as possibilidades da pedagogia de Kurachi, assumiu a responsabilidade da norma: todas as crianças da escola, meninos e meninas, fariam o judô. Se os pais não concordassem, a criança não poderia ficar na escola. E o próprio Kurachi deveria ministrar as aulas. "Resolvi isso porque nenhum de nós tinha a capacidade de lidar corporalmente daquele jeito com as crianças, usando seqüências de exercícios, trabalhando mais globalmente e conhecendo a fundo os mecanismos dos movimentos. Eu mostrava para a equipe que nós próprios não estávamos conseguindo fazer o que Kurachi pedia."

Therezita ressalta a extraordinária sensibilidade de Kurachi: "Principalmente como ele lidou comigo, com minhas dificuldades, vi quanto ele era diferenciado das pessoas que têm academia". Kurachi também desenvolveu um trabalho de família: adultos com crianças, pais e filhos, mostrando que a criança não atrapalhava. Ele trabalhara com médicos psicanalistas – daí sua ligação com o doutor Nelson –, além de ensinar regularmente em academias e clubes. Deu aulas para professores e pedagogos que atuavam em escolas inovadoras, criou uma classe para casais – dos quais a maioria era de pais de crianças de Therezita. "Kurachi trabalhava a relação pai–filho depois de adultos", conta Therezita. "Era um trabalho que ele começava a desenvolver já com as crianças. Na Te-Arte, era esse tipo

De volta ao quintal mágico • 125

de contato que elas precisavam: não era só ginástica, não era fisioterapia. Era um contato com o homem adulto, e era um trabalho que elas também faziam entre si."

Também havia reunião de dez minutos entre Kurachi e Therezita, nas quais ele apontava certas condutas que deviam ser usadas para certas crianças, ou dizia que se tentasse fazer algum daqueles movimentos na escola etc. "Além disso, era muito importante a visão de Kurachi como homem, que imprimia determinadas características ao relacionamento com as crianças e a leitura que delas fazia. Kurachi também ajudava muito em casos de crianças com pais separados – era uma figura masculina marcante e acolhedora ao mesmo tempo."

Kurachi foi uma grande figura: "Para mim, ele foi muito importante. A troca de idéias, de emoção, de informação... A gente se tornou amigo realmente, um podia dizer as coisas pro outro, como profissional, como gente – o choro, a raiva –, numa relação em que quase não precisávamos verbalizar. E foi muito importante a minha última conversa com ele, as coisas que ele colocou. Queria muito fazer uma escola comigo, falava nisso há tempos..."

Esta é a história de uma menina que gostava muito de mato, terra, madeira, água, fogo, música. Era chamada de cabrita branca, vivia andando por quintais, pela beira do rio. Brincava de casinha, tocava piano, gostava de história de saci. [...]

Aos três anos, começou a estudar piano. Seu pai, filho de italianos e nascido no vale do Canaã, era dono do principal estabelecimento de comércio da cidade – A Bodega –, um armazém que vendia secos e molhados, ferragens etc. Quando a mulher, descendente de português e espanhol, nascida no Vale do Rio Doce, estava grávida do segundo filho, José importou um piano da Alemanha porque achava que seria menina. E foi.

Esse piano é o que está na Te-Arte até hoje. [...]

Também tinha festa do boi no final do ano. Desde pequena, Therezita saía correndo atrás, não tinha medo. Queria pegar no rabo do boi. A festa era na rua principal e a avó preparava bolo, licor, gelatina, para os dançarinos do boi. As fogueiras de São João marcavam o aniversário de sua mãe Degui. Toda a cidade de Colatina era convidada. [...]

A menina passava muito tempo na casa da avó. A avó tinha dificuldade para andar por causa de problema de saúde, mesmo assim, fazia muitas coisas e ensinava tudo para a netinha. A cozinha da casa da vó Thereza era um lugar de encanto e magia. [...] Lá, Therezita aprendeu o segredo de bolos e paçocas, lá se apaixonou pela arte de preparar doces e salgados. [...]

Tinha muita gente que contava histórias naquela cidadezinha do Espírito Santo. Therezita amava as histórias da Velha Rosa e do primo Lúcio Correa e Castro. A Velha Rosa contava histórias lindas. Uma das que mais gostava era sobre o começo do mundo. Outra era sobre coisas de saci.

Trechos do livrinho *Teretetê*, com texto de Dulcilia Schroeder Buitoni, desenhos de Jaime Prades e projeto gráfico de Massumi Guibu (todos pais de alunos ou exalunos), produzido em 2001, para comemorar o aniversário de 70 anos de Therezita.

Deixar brincar

Brincar desde os primeiros dias de vida: essa é base do pensamento de Therezita. Jovens e adultos costumam imaginar que as crianças só brincam depois dos 2 ou 3 anos. Todavia o bebê brinca com o próprio corpo e com o da mãe desde quando começa a mamar. Além de alimentar-se, ele já está exercitando sua atividade lúdica: é a brincadeira que será a invisível mestra ao longo de toda sua vida, principalmente nos primeiros anos. Brincando, experimentando, a criança vai conhecendo seu corpo e o mundo. Para isso, é necessário um ambiente que favoreça a exploração. Qual seria o melhor espaço nos primeiros meses? O bebê-conforto? O cercado? Nem um nem outro, afirma Therezita: "No bebê-conforto, a posição é inadequada e paralisante, como se houvesse uma viseira grande que impede o olhar investigador lateral. O cercado é uma prisão que cerceia a criança com telas e brinquedos industrializados pouco criativos, geralmente impedindo a visão do entorno. O espaço mais estimulante é o mais simples: o chão limpo da casa, que pode ser forrado com um colchonete de espuma ou esteira coberta com um pano".

A creche e a escola de educação infantil também têm de ser, antes de mais nada, um lugar de brincar. Hoje, afirma Therezita, os pais só se preocupam com resultado: "Quando comecei, os pais estavam mais atentos às necessidades das crianças, perguntavam por que minha criança faz isto ou aquilo, por que não faz? Agora, querem saber quando o filho vai ficar alfabetizado, esquecem que, para ser alfabetizado, precisa de processo. Querem resultado final e aí fica difícil para a criança render, para se conhecer e para aprender; ela se embaraça toda e não rende nada. Os pais não prestam atenção no momento atual, a cobrança é lá na frente e pouco importa se estão atropelando ou não a criança. É uma terceirização total, eles querem resultado sem se dar ao trabalho de conhecer o processo".

Alguns pais encontram dificuldade para aceitar o espaço da Te-Arte: a atitude dos educadores, a liberdade das crianças, poucos – embora precisos – limites; pensam que, ao saírem, os filhos não terão limites. De uma certa maneira, Therezita acredita que os pais de vinte anos atrás confiavam mais no processo de aprendizagem do brincar, não ficavam tão ansiosos em tirar a criança para matricular em escolas que alfabetizam mais formalmente. "Os pais atuais querem criança competitiva, não entendem que deve ser uma competição olímpica, em que vou pelo prazer de competir, e, se perder, aprendo que posso competir novamente. Muitos pais acham que entrar na competição só pode ser para ganhar. Por isso, não admitem que a criança brinque; ela precisa estar sendo 'treinada' o tempo todo para adquirir habilidades e conhecimentos para enfrentar o mundo. E quando falam em mundo, é o mundo profissional. Os pais do começo da Te-Arte gostavam de ver o conhecer pela brincadeira. O lúdico era mais presente nos pais e nas crianças. Hoje, alguns se perguntam: mas como vou pagar para o filho só brincar? No entanto, é na brincadeira que ele aprende."

Therezita assinala que os fóruns sobre o ser humano vêm apontando que o brincar leva ao conhecimento e ao desenvolvimento harmonioso. Continua: "E é o **brincar com coisas simples**, não o brinquedo comprado. Para mim, importa saber quais as etapas em que a criança está brincando, brinca com o corpo da mãe, com as mãos, com os pés, com a boca, com os sons que cantarola e depois vai incorporando os 'brinquedos': panela, lata, carretel, forminhas... Esses objetos do dia-a-dia costumam entreter muito mais que os brinquedos industrializados".

Na Te-Arte, o trabalho com crianças de diferentes idades, sem separação por classes, é um dos fundamentos pedagógicos. Para Therezita, isso propicia a investigação, porque o modelo não é do adulto, é da criança. "O adulto é um facilitador, alguém que aconchega a brincadeira. A criança olha e pede uma referência, ela não pede aprovação, só quer saber – ah, ele está me vendo". Até os 3 anos, a criança brinca em paralelo, brinca com a mesma coisa, mas não brinca com a companheira que está ao lado, não brinca como socialização da atividade. "Só com o crescimento interno a criança vai diferenciar o dentro e o fora dela. Aí vai brincar de esconde-esconde, jogar bola, bater prego, desaparecer, aparecer, entender a mãe que chega, a mãe que sai. Quando tem acessos de raiva, porque ainda não elaborou a relação interior/exterior, ela encontra espaço, na escola, para expressar sua raiva. Para isso, não é preciso uma atitude psicológica e de interpretação: a maioria das crianças apresenta essas manifestações, faz parte do crescimento", afirma a educadora. E continua: "O adulto acompanha o desenvolvimento da criança e facilita, dá confiança. A criança está o tempo todo se conhecendo; ela se movimenta com 'blocos' do corpo porque não divide perna, mão, cotovelo, vai inteira em direção ao colega e muitas vezes parece uma atitude agressiva. Um quer se comunicar e derruba o outro, ou puxa o cabelo com mais força, aí morde, estapeia. O adulto que presencia a cena, e não sabe desse processo, pensa que a criança é agressiva. Não é nada disso, é muito raro nessa faixa de idade ser um problema de precisar ir para clínica. Fazer a criança dividir, dar a bola é bobagem. É melhor levar três carrinhos iguais do que forçar; só vai intensificar o desejo de não dividir nada. A etapa vai ficar marcada por essa 'forçação'".

Na brincadeira, a criança colocará toda a possibilidade de choro, de afeto, de desafeto, de crescimento. Como um fole, ela ora parece crescida, ora volta a ser bebê: o adulto tem de entender isso, não pode esperar que seja uma evolução contínua. Therezita exemplifica: "Uma avó ficou sem falar dois dias com o neto porque o pequeno levantou a mão para ela; não entendeu, achou que era desrespeito. Se o adulto não entende, a criança também não entende, passa para outra idade, isso vai se acumulando e ela pensa: eu não consegui. Aí começa a ter dificuldade para deixar de ser bebê, está com 4 anos e age como um bebê. Ou tem medo ou agride todo mundo. Isso porque a formação deixou buracos: a criança não foi entendida e não brincou de forma que seu eu pudesse ser construído. Outra criança, que viveu todas as etapas, com as dificuldades do brincar aumentando, essa consegue fazer a distinção: posso, não posso, é meu, é seu, está na hora de terminar etc. Aquele que não entendeu, porque não foi entendido, faz escândalo porque não teve tempo de se conhecer, nem de se afirmar como gente, nem de fazer a distinção dentro/fora".

Depois dos 4 anos, **a criança que foi "brincada"**, que pôde ser alegre, criativa, lúdica, irá num crescendo e chegará aos 7 anos entendendo mais que as outras em seu entorno. Ela brincou criando, criando na fantasia; a fantasia que está presente em todos os momentos. Ela sabe diferenciar o dentro e o fora, porque vivenciou isso com o teatro, a história, a música. Assim, ela terá compreensão para entender uma regra social. O homem só conseguirá ser lúdico se teve essas etapas brincadas e entendidas, se teve o prazer real do brincar. A brincadeira vivida com todo o corpo funciona muito mais do que uma brinquedoteca ou o "vamos fazer uma roda?", formas que pertencem à cabeça do adulto.

Os pais devem ter muito cuidado de não brincar pela criança, diz Therezita: "Muitos compram brinquedos que não tiveram na infância, para eles, os pais, brincarem". A criança precisa interagir com brinquedos de preferência bem simples, para que possa inventar a seu gosto as funções. O brinquedo que "programa" a criança não é bom; o mais gostoso é o inventado na hora. Por isso, os brinquedos eletrônicos quase sempre não são aconselhados.

Aos 5 anos, as crianças já querem outro tipo de atividade lúdica, brincadeiras mais organizadas, com regras – simples, mas que precisem ser conquistadas. As crianças que souberam brincar as etapas anteriores funcionarão bem em grupo; as outras podem ser rechaçadas e então criar um grupo que imita os adultos, e não no bom sentido. "É uma coisa de fora para dentro, porque elas não viveram todas as fases", explica Therezita.

Com 6 anos, são mais justas nas regras e começa a aparecer o líder, o líder real que sabe passar a bandeira para os outros. As que não trabalharam bem a atitude do brincar (com as respectivas famílias acompanhando) só levantam a bandeira e não passam. "Vejo crianças de 4 anos que começam na escola e apresentam uma certa dificuldade, pois não viveram todas as etapas do brincar. Elas não têm interiorização porque foram invadidas, tiveram o movimento de fora para dentro. Já nas outras, a atitude de cooperação é muito mais tranqüila. São mais claras e diretas: falam o que querem, sabem dizer o que não querem, assumem que não fazem e não atrapalham os outros que conseguem fazer determinadas atividades. No grupo, têm o direito de se manifestar. Os que não brincaram bem nas idades anteriores nunca tiveram oportunidade de se manifestar, e se rebelam, parecendo indisciplinados", diz Therezita. E acrescenta: "A criança que foi se conhecendo, gradativamente, foi distinguindo o que pode do que não pode fazer, vai entender como é a organização da sociedade para se viver dentro de um espaço. Ela não é egóica; ela compartilha e partilha, sabe proporcionar ao outro a mesma alegria. O ambiente propício ao autoconhecimento não cria uma criança invejosa, destruidora, possessiva; cria uma criança harmoniosa consigo mesma e que, quando não se sente harmoniosa, tem o direito de se manifestar. Esta é a criança brincante, mais profunda com ela e com os outros, respeitosa porque foi respeitada, inteligente porque foi cuidada de forma inteligente, alegre porque recebe alegria no ambiente em que vive. Tudo isso no contato com a natureza, com pessoas, animais, sem sofisticação, no dia-a-dia simples".

Muitas pessoas pensam ser essa uma pedagogia ingênua, no entanto, Therezita acredita que as crianças com tal vivência desenvolvem uma **"ingenuidade inteligente"**, manifestando-se de maneira mais integral. "Por exemplo, ela sabe pôr o pé no chão, descalça, em vários tipos de chão, sabe correr, enquanto outra só consegue andar calçada, com meia; não tem a alegria desse contato."

Brincadeiras no quintal da casa de Perdizes: pulando corda e escalando a rampa.

O balanço feito com pneus: momentos de contemplação.

Quintais mágicos

Como Therezita faz para ter quintais mágicos? O espaço, o valor do espaço natural, principalmente numa cidade como São Paulo. O espaço rústico, do chão de terra, é um dos fatores fundamentais do trabalho da educadora. A terra para se pisar descalço, cavoucar, plantar, fazer represas, caminhos. Além da terra, sua semelhante, a areia, num grande tanque. E árvores, muitas árvores: goiabeiras, ameixeiras, pitangueiras, abacateiro, caramboleira. E bananeiras, arbustos de todo tamanho, horta... Tudo material de arte: terra, areia, plantas. Para Therezita, esses são os primeiros e principais materiais de arte do ser humano. Ela chega a usar giz-pastel importado com suas crianças; mas acha que o contato com a terra e a areia é insubstituível. Ela os considera necessários ao desenvolvimento de qualquer criança. E mais, não adianta só o tanque de areia comportadinho e limitado no meio do cimento. **A terra também precisa ser acidentada.** Tanto na Te-Arte das Perdizes, quanto agora no Butantã, a topografia é irregular e até perigosa, aos olhos de muitos, por suas pedras, seus tocos de madeira, seus desníveis.

Escadas improvisadas de madeira, pedra ou tijolo, pontes e casas de madeira, balcões de vendinha vão surgindo da idéia das crianças ou de um adulto e permanecem por lá como brinquedos de *playground*, mas uma construção de madeira com rampas e passarelas que vira torre, casa suspensa, ninho... Muito antes da moda das paredes de escalada, um estudante de administração, o Salgado, construíra em 1984, na escola das Perdizes, uma incrível prancha por onde as crianças subiam com ajuda de cordas – e essa parede durou por várias temporadas.

Tudo muda naquele quintal. São as construções de madeira que existem numa semana, noutra não; são as barraquinhas montadas num lado ou noutro; são as pedras e os objetos que mudam constantemente de lugar. O galinheiro, a casa do cachorro, o cercado dos cabritos já mudaram de lugar algumas vezes. Nas Perdizes, a escola funcionava num sobrado antigo com um grande quintal em declive: as crianças desciam para realizar as atividades. No Butantã, o terreno é maior, e a construção, projetada especialmente para a Te-Arte, parece uma oca, com troncos de madeira sustentando o teto. Para chegar aos locais de brincar, as crianças sobem uma passarela coberta que serpenteia por entre a vegetação. Nas duas sedes, a mescla de plantas denuncia o "paisagismo" da educadora-matriz, um

De volta ao quintal mágico • 137

paisagismo que cria obstáculos e ao mesmo tempo acolhe. Em 2005, foi construída uma rampa lateral, menos íngreme, para que Therezita pudesse subir com um andador – ela sofrera uma fratura, seguida de cirurgia. Nos últimos anos, aliás, a capixaba vinha tendo dificuldades para andar com rapidez.

Trabalhar ao ar livre é um dos princípios de Therezita. "Criança dessa idade não pode ficar confinada em classes." Somente quando chove, ou quando o frio é intenso, o trabalho é feito em áreas internas. A atividade de alfabetização, a "aula de letrinha", geralmente se dá numa área interna: as crianças maiores são convidadas a participar, mas não há pressão para quem ainda não sente vontade de tentar ler e escrever. "Cada criança tem seu momento de prontidão para leitura e escrita, não adianta querer padronizar." Nas Perdizes, a "letrinha" acontecia à tarde, em horário diferente em relação às crianças menores. Também na Te-Arte não existem período matutino e vespertino; Therezita só mantém a manhã por achar que criança nenhuma agüenta ficar o dia inteiro na escola, principalmente nessa idade. "Ela precisa da casa dela, precisa dormir uma sesta." A fundadora da escola faz referências a pesquisas cujos resultados constatam que a parte da manhã é mais saudável, neurologicamente falando, para os pequenos freqüentarem esse tipo de atividade. Também gosta de comparar a criança com o passarinho, que quer voltar para o ninho no fim da tarde. Nesse ponto, a Te-Arte não facilita a vida dos pais que trabalham em tempo integral e gostariam de deixar a criança o dia todo; Therezita não faz tal concessão à demanda.

Nesse quintal, que no fundo é tão comum – ainda há muitos assim no interior –, ou em casas antigas, mesmo nos grandes centros, as crianças, em sua maioria morando em apartamento, criam seus espaços de fantasia. São reis, heróis, donos de loja, construtores de estradas e diques, donas-de-casa, corredores automobilísticos, músicos, bailarinos, e até cozinheiros de verdade, fazendo churrascos, doces simples, pirulitos, biscoitos... As crianças de Therezita sabem lidar com o fogo.

Uma casa comum com um quintal grande, eis o espaço da Te-Arte, nas Perdizes, durante dez anos. Não era preciso mais do que isso. Não houve nenhuma adaptação na planta do velho sobrado, relativamente pequeno e bastante simples para o bairro em que estava localizado, numa rua que fazia divisa com o Pacaembu. A mureta da frente e o portão de madeira eram baixos e continuaram assim (e as crianças sempre os respeitaram; um dos limites era não pular o muro ou abrir o portão). Os problemas com segurança também eram bem diferentes dos de hoje: não havia necessidade de muros ou grades altas naquele bairro, nos anos 1970. Nada identificava a casa como escola, a não ser a presença das crianças. Não havia placa com o nome, o que também a diferenciava da maioria das escolas com seus altos muros e portões indevassáveis. Atualmente, no Butantã, a cerca é alta e o contexto é outro. O projeto, idealizado por um arquiteto, também foi desenvolvido especialmente para a finalidade de recreação: há uma saleta tipo escritório e mais acima uma área circular coberta, com uma sala enorme, banheiros, marcenaria, cozinha. O espaço externo, no entanto, é uma recriação do quintal das Perdizes.

A casa das Perdizes era absolutamente comum. Quando foi alugada por Therezita, em 1975, estava desabitada há tempos e muito malcuidada. O quintal tinha tanto mato que não se

De volta ao quintal mágico • 139

podia entrar. Providenciou-se uma limpeza e construiu-se o tanque circular de areia, que viria a ser o palco de todo dia, o palco para muita arte e muito brinquedo. No sobrado, algumas salas, cozinha e banheiro. No interior da casa, uma escada de madeira unia o térreo à parte de baixo. Uma escada sem porteiras ou grades adicionais de proteção: exatamente como era, um pouco íngreme, mas que nunca causou problema para as crianças, por menores que fossem.

Como um espaço tão comum pode ser tão mágico? Talvez por isso mesmo. Uma casa com muitos recantos, com brinquedos, instrumentos musicais, cozinha, banheiros... Uma casa por onde se pode circular, descobrir esconderijos, sair de um lado, ir para outro... A casa, primeiro espaço, espaço-matriz para a criança explorar – um espaço que muitas não têm assim dividido e cheio de pequenos mistérios, por morarem em apartamento e só conviverem com poucos cômodos planos e acarpetados –, treina motricidade melhor que muito brinquedo "pedagógico". Hoje, a casa virou galpão circular, não tem tantos quartos, mas a magia continua.

Em julho de 1981, Therezita participou de um congresso de educação pré-escolar em Aracaju. Luís Camargo trabalhava na Te-Arte desde 1978 e já escrevia livros infantis. Para esse congresso, preparou o seguinte texto:

Por que é importante para a criança de zero a sete anos brincar?

Brincar é o trabalho da criança.

Na Te-Arte usamos cotidianamente esse conceito. Quem quer trabalhar com carro?

Papai vai embora, vai fazer o trabalho dele, e você vai ficar aqui, fazer o seu trabalho.

Brincar é o modo da criança explorar, descobrir o mundo.

Brincar na areia: sentir a areia seca, a areia molhada; trabalhar com o barro: o barro duro, o barro mole.

É justamente nessa faixa de idade que o ambiente tem uma importância fundamental – uma sala caiada, que não muda nunca, que estímulos fornece para as descobertas da criança? Já um ambiente que possui plantas que crescem, animais que se desenvolvem, o chão de terra que se modifica com o sol e a chuva oferece muitas possibilidades de descoberta para a criança – é a vivência concreta do tempo.

Brincar é o modo da criança mudar, transformar, modificar o mundo.

A areia que se transforma num bolo, num castelo, numa montanha, num lago, num "papel" para rabiscar ruas etc.

A maleabilidade da terra, do barro, da areia faz desses materiais os materiais básicos do desenvolvimento da criatividade nessa faixa de idade.

Criatividade no sentido de formar, de dar forma, de reformar e transformar.

As possibilidades de construir e de destruir são também importantes pelo que representam como elaboração dos sentimentos.

Água de molhar e fogo de queimar

A *água,* dentro do discurso psicanalítico, está muito relacionada à emoção. Brinca-se muito com *água* na Te-Arte. Mas não é um mexer com água só por mexer. Lógico, a maioria das crianças adora mexer com água, especialmente por nem sempre terem muita oportunidade em casa, para não se molharem ou sujarem pisos e carpetes.

Observar a chuva, dar uma corrida sob as gotas que caem, sacudir uma planta que ficou molhada, ver o orvalho numa folha, de manhãzinha, escorregar no chão encharcado, fazer lagos, rios, canaletas, represas – observando, sentindo, vendo fluir, conduzindo a própria emoção.

Um ex-aluno, aos 8 anos: "**O que eu mais gostava, na Tê, era fazer represa**". Ajudadas pelos adultos – geralmente o homem –, as crianças cavoucam a terra, empilham pedras e galhos, fazem diques. Uma bomba manual faz a água jorrar, e só as crianças mais velhas conseguem que ela funcione. Durante muito tempo, nas Perdizes, um sapo esculpido, de cuja boca saía um chafariz controlado por um registro, era a grande atração. Nos dias frios, não se brinca com água, embora a tentação, principalmente para os pequenos, seja grande. Se alguém está há muito tempo mexendo na água, o adulto dá o limite, retirando a criança. O adulto interfere porque ela não tem resistência para ficar molhada e a parte física precisa ser preservada. Therezita explica: "A aprendizagem não é deixar a criança totalmente à vontade, mas abrir dentro daquilo que é possível para aquela faixa de idade. Os limites devem ser poucos e claramente colocados. Não é porque o adulto decidiu; a criança deve sentir que pode ter sua saúde prejudicada. A referência é seu próprio corpo, não a autoridade de quem intervém".

Também se trabalhava a emoção dentro d'água, brincando no meio líquido. Como em outras atividades da Te-Arte, ir a uma piscina era um processo. Não se visava ao produto aprender a nadar, apesar de muitas crianças saírem nadando naturalmente depois de quatro ou cinco meses de contato com a água. Therezita sempre achou muito importante o entrar na água, o flutuar, o mergulhar. No entanto, a natação era optativa. Nas Perdizes, havia o contrato de locação de uma piscina e as crianças eram transportadas de ônibus até lá, ao término do período da manhã. Nadavam durante quarenta minutos e depois os pais iam buscá-las.

De volta ao quintal mágico • 143

Aprendendo a diferença entre um fogo feito com lenha...

...e um fogo feito com papel. Na seqüência, eles aprendem como apagá-los.

O trabalho com as crianças dentro da piscina era um dos pontos importantes da pedagogia da Te-Arte. Therezita e um ou dois professores entravam na água com as crianças. A adaptação à água era feita primeiro pela mãe ou pelo pai da criança, que depois era passada ao "adulto" da escola. Começavam com bóias na cintura e nos braços, e em seguida iam retirando uma por uma, até que saíam nadando sozinhas. Nunca se disse qual era o movimento certo; a função de brincar, de conectar-se com a água é que importava. Essa "brincadeira" trazia muitos resultados e era grandemente apreciada pelos alunos.

Ao mudar para o Butantã, alugou-se outra piscina, mas o esquema não funcionou bem; hoje, não se faz o trabalho com piscina. As dificuldades operacionais acabaram por excluir um processo que Therezita acredita ser bastante eficaz e que contribuía para as crianças experimentarem o corpo em diferentes ambientes físicos. A idéia que permeia a Te-Arte é, de fato, a exploração de todas as possibilidades sensoriais.

~~

Na Te-Arte, sempre se brincou com *fogo*. Therezita acha fundamental para a criança saber lidar com o *fogo*. Elemento de fascinação e perigo, não deve ser afastado do convívio da criança. Não adianta a redoma, nem a superproteção; o lidar com a noção de perigo aumenta muito a percepção e o conhecimento tanto da criança como do adulto que está atuando a seu lado.

"Alguns colegas meus achavam que **eu trabalhava numa escola excêntrica, meio louca, que deixava as crianças brincarem com fogo...** Mas qualquer pessoa que fosse lá ia ver

De volta ao quintal mágico • 145

como os pequenininhos respeitavam, não chegavam perto da churrasqueira armada com tijolos, baixinha, na altura do chão. E como os maiores giravam cada um o seu espeto, para deixar a carne no ponto preferido... Ou então como tiravam a batata-doce assada do meio do braseiro... Se a gente dá o limite, a criança não arrisca, ela sabe direitinho como agir. O grande segredo da Therezita é saber lidar com elementos fortes da natureza: terra, água, fogo", afirma Geny Mulatti, pedagoga, que trabalhou cerca de quatro anos na Te-Arte.

Mexendo com terra, água, fogo, a criança aprende a lidar com seu corpo, com os limites do próprio corpo. É importantíssimo se jogar na terra, andar descalço, se molhar, se sujar na lama, perceber como tratar o fogo, escalar um barranco. Tudo isso é lidar com a noção de perigo – aprendizado essencial para o resto da vida. Geny lembra que nunca houve acidente na escola com fogo, ou quedas: "Quebrar o braço é comum acontecer em ambientes escolares; e lá, mesmo com crianças deficientes no meio, não havia problemas desse tipo. Também, além da maneira de lidar com esses elementos naturais – Therezita sempre mostrava qual deveria ser a atitude dos adultos e das crianças –, existia todo um treinamento de atenção supernecessário quando se trabalha com tantas crianças e em ambiente aberto".

Além de ajudar a fazer churrasco e a assar batatas em fogueira, as crianças participam de atividades de cozinha – em fogão a gás –, realizadas quase toda semana. Biscoitos, que elas amassam e colocam na forma, pipocas, bolos, pirulitos... Amassam paçoca de amendoim em pilão de madeira, cortam legumes e frutas, separam os restos para dar aos animais...

Sempre existem bichos na escola. Além de um cachorro, tartaruga, patos, galinhas comuns ou galinhas d'angola, às vezes habitam a Te-Arte também coelhos, perus, cabritos... Therezita, naturalmente, dá muito valor ao contato com animais: "Muitas crianças com problemas neurológicos conseguem se ligar melhor com o irracional. É uma ponte que freqüentemente ajuda um diagnóstico ou então facilita uma possível atitude terapêutica".

Dedos de tocar e nariz de cheirar

A criança utiliza muito a visão, nosso mais sobrecarregado sentido, que acabamos forçando como se fosse o único. Contudo, ainda usa bastante seus outros sentidos, como o tato, o olfato, o gosto, a audição. Na faixa de 0 a 7 anos, o conhecimento se faz freqüentemente nos atos de pegar, apertar, cheirar, levar à boca. Por isso, devem-se favorecer oportunidades para que ela exercite ao máximo todos os seus sentidos. Por que a pré-escola insiste tanto na visão e solicita tão pouco as outras percepções sensoriais? Por que essa hipertrofia de um lado e atrofia de outros?

Pela "evolução" da civilização, o ser humano caminha na direção da visão. É inevitável. Com mais razão, a pré-escola deveria tentar desenvolver principalmente os outros sentidos, afinal a visão já é mais que estimulada no mundo moderno.

Na Te-Arte, as crianças usam muito as mãos, os pés, a pele... Pegam a areia, fazem buracos, montanhas, vulcões que até soltam fogo. Molham a areia, peneiram, enchem baldes e carrinhos. Therezita diz que é melhor ficar mexendo na areia e na terra todos os dias, mesmo quando se tem 5 ou 6 anos, do que fazer os repetitivos exercícios de motricidade com lápis, desenhando as monótonas ondas e curvinhas sempre iguais. "Não adianta treinar para segurar o lápis, para copiar linhas pontilhadas no papel: é um adestramento forçado que muitas vezes só dá problema. Se a criança teve bastante areia de 0 a 6 anos, saberá sozinha segurar o lápis e desenhar ou escrever."

O lanche, que é trazido de casa, serve também para ser apalpado, para se perceber a textura lisa ou áspera de uma casca de fruta, a dureza ou a maciez nos dedos ou dentro da boca. Pinta-se com os dedos, às vezes. Ou decalcam-se folhas de plantas e as crianças vêem as mesmas nervuras que enxergaram e sentiram pelo tato serem transferidas para o papel.

Há também o trabalho com materiais considerados perigosos para crianças, tais quais pregos, madeiras, arames, que requerem a utilização de ferramentas como martelos e serrotes. Na Te-Arte, até os pequenos sempre puderam manusear tais objetos – ao lado de adultos, claro. A marcenaria, por exemplo, só funciona na presença de um adulto.Conhecendo os limites do material, do instrumento e de seu próprio corpo, mesmo os menores de 2 anos conseguem desempenhar tais atividades com muita segurança.

De volta ao quintal mágico • 149

A fruta na mão, o cheiro perceptível.

Tocando nos pés, descobrindo as sensações corporais.

O respeito ao material utilizado é um dos pontos básicos do trabalho. Therezita proporciona o contato com pastel e guache importados, coisas de primeira qualidade, ao lado de sobras de papel (às vezes excelentes, porém sobras) de indústrias gráficas. Com as sobras de embalagens com estampas, são feitos recortes e colagens. Salienta-se muito o respeito ao suporte adequado para as artes plásticas: ninguém pinta ou desenha nas paredes, ou no chão. Lugar para desenhar é papel, cartão, lousa.

O olfato, por sua vez, é um sentido da infância. O recém-nascido se orienta pelo olfato para buscar o seio da mãe. Por intermédio do olfato, ele reconhece as pessoas da família e vai distinguindo os alimentos que come. Com a poluição, com a velocidade da vida moderna, a padronização das comidas congeladas, as percepções olfativas vão desaparecendo no grande cheiro comum de fumaça das grandes cidades. Desde cedo, a criança, ao lembrar de comida, lembra o cheiro do hambúrguer e da batata frita das lanchonetes multinacionais. E o cheiro da terra molhada? O cheiro forte do estrume? O cheiro de bolo no forno? Que criança sabe o cheiro da salsinha?

É preciso cuidar dos cheiros, é preciso despertar a atenção para os cheiros. Dizem que o olfato permanece vivo até os 10 anos, e depois fica muito amortecido. No entanto, do jeito que as coisas andam, provavelmente a capacidade olfativa já estará diminuindo bem antes.

Os cheiros podem despertar a memória afetiva, fazendo-nos recordar cenas queridas, cenas desagradáveis, cenas de medo. O tato e o olfato são capazes de sutilezas que nem imaginamos e, por isso, não podemos deixá-los adormecer. É tão fácil falar para uma criança cheirar um caju, ou sentir o perfume de uma maçã! É tão fácil para um adulto fazer o mesmo...

Sentadas à mesa do lanche, as crianças são perguntadas pelos cheiros; mostra-se o sumo da laranja, da mexerica. O gosto também é estimulado. Alguns trazem verduras depois de um fim de semana no sítio, ou então verduras da própria horta da escola. Um dia, alguém inventou de fazer um molho – que acabou virando rotina. As crianças vão colher salsinha, misturam sal, suco de limão ou de laranja, e temperam alface, cenoura, pepino. Várias participam do preparo; quase todas usam ou experimentam o tempero. Algumas crianças, que não comem verduras e legumes crus em suas casas, passam a comer depois de freqüentar a Te-Arte. É uma questão de ter à mão e à vista.

Sucos, só os de frutas, ou então água. Há até uma brincadeira na escola, que de vez em quando chega a virar campanha: "Vamos tomar o **suco de água**?" Refrigerantes e iogurtes industrializados não podem ser trazidos, assim como doces, pães molinhos, enfim, produtos descartáveis, de pouco valor nutritivo e que não estimulam a mastigação. Os legumes e as frutas que as crianças trazem de casa são descascados, picados e dispostos em gamelas, nas quais qualquer um pode se servir. Com isso, acabam experimentando alimentos que não conhecem e quase sempre gostando. Nos aniversários, também não se estimulam bolos de chocolate e glacês aromatizados e coloridos artificialmente. A escola sugere bolos mais naturais, de coco, de frutas, de cenoura.

Nas Perdizes, só havia almoço em dias de festa. No Butantã, em razão da distância, muitos pais se demoravam para buscar os filhos ao meio-dia e as crianças ficavam com fome. Therezita preocupava-se com os danos à saúde. Começou a fazer comida para as crianças cujas famílias moravam longe. Cobrava um preço simbólico e as crianças já iam alimentadas para casa. Com o tempo, mais e mais crianças passaram a comer na escola; hoje, das sessenta ou setenta crianças, só duas ou três não almoçam lá. O almoço começa às 10 horas e termina às 11 horas; os maiores vão até a cozinha, pegam o prato pronto e procuram o lugar onde gostam de sentar, normalmente na mesa alta, no salão. Os pequenos são servidos nas mesinhas do lado de fora, e os professores recomendam que comecem a comer sozinhos; depois, muitos pedem ajuda para terminar. Não é servido suco nem água durante a refeição. Cada criança tem sua porção e **deve comer tudo**, sem deixar nada no prato, e pode haver repeteco e "tripeteco". O cardápio reúne um grão – feijão branco, preto, mulatinho, ervilha, lentilha –; arroz integral ou branco; carne moída, peixe ou frango; verduras e legumes cozidos; e bastante salada. Macarrão só em dia de festa, com molho de tomate não industrializado, enriquecido com legumes e ossobuco – por cima, queijo de minas curado ralado.

O lanche trazido de casa pelas crianças serve para abrir o apetite: afinal, desde que chegam, podem se dirigir à mesinha e começar a comer. No almoço dos dias comuns, não há sobremesas.

Olhos de olhar e ouvidos de ouvir

Ver, olhar, enxergar: o sentido dominante, o sentido dominador. O sentido que precisa se ligar mais aos outros sentidos, o sentido que precisa se ligar mais ao corpo, que precisa se voltar mais para o próprio corpo. A criança, na ânsia de descobrir o mundo, observa tudo. O adulto, mais direcionado, às vezes só enxerga se estiver escrito, só presta atenção aos dizeres de um cartaz, ou se for impresso em jornal ou livro; mas não percebe o que os olhos da criança estão dizendo, ou o que corpo da criança está dizendo. O adulto, viciado na mensagem verbal, nem sequer olha o corpo da criança. E também não presta atenção aos recados de seu próprio corpo.

Olhar o corpo da criança, olhar como é seu movimento. Um dia, as crianças da Te-Arte perguntaram por que aquela menina andava com as mãos esticadas para a frente. Therezita explicou que a menina não enxergava, e pediu para que fechassem os olhos, e andassem, e descessem a escada. **Elas fecharam os olhos,** e instintivamente esticaram os braços e caminharam tateando; acharam muito difícil e passaram a admirar a garota cega que conseguia andar tão bem sem nada ver. Ela começou a ser encarada como uma campeã em agilidade.

Na primeira vez em que entrei na Te-Arte, deparei-me com uma árvore de chupetas. Era inverno, os galhos quase não tinham folhas, só aqueles estranhos frutos, pendurados aqui e ali. Parei no portão, fiquei olhando. Era 1977, e a primeira impressão ficou para sempre. Ao entrevistar Luís Camargo, soube que a árvore também o marcara, a ponto de ele escrever um poema:

A ÁRVORE DAS CHUPETAS

Em algum lugar,
existe uma "árvore das chupetas"
onde as crianças penduram as chupetas
que não vão usar mais.

Os maiores dizem:
– Eu não uso mais chupeta.
Olha a minha lá!

E os pequenos:
– Eu vou conseguir!

A árvore diz:

– Quando você puder,
quando você quiser,
quando você não precisar mais,
pode deixar aqui a sua chupeta.
Pode escolher o galho.
E quando você vencer o medo,
a vergonha e o ciúme,
pode vir pendurar também.

Hoje, a estranha árvore de chupetas não existe mais. No início da escola no Butantã, havia uma pequena árvore para essa finalidade. Com o passar dos anos, foi diminuindo o número de crianças que usavam chupetas: dentistas e ortodontistas desaconselhavam seu uso. Therezita ainda deixou uma arvorezinha dentro da secretaria, que também foi desativada porque perdeu a função.

Olhar, escolher, contemplar: as crianças são estimuladas a dedicar um tempo para observar. Elas vêem como o botão se transforma em flor, como as folhas ficam amarelas no outono, como a carambola vai amadurecendo até poder ser colhida. Chama-se muita atenção para os tempos da natureza; porém a pressa e a calma internas também são trabalhadas.

Há uma preparação para o Natal, que já faz parte da tradição da Te-Arte. Um mês antes são colocados os presentes na "lojinha" do Natal: seis ou sete tipos diferentes de brinquedos, inclusive livros. Cada um escolhe o seu, separa esse presente, vai ajudar a fazer o pacote com seu nome e colocar num saco, cesto, ou "malão", conforme o lugar decorado para a festa daquele ano. As crianças vão olhar seu presente e ver que está lá. Algumas vão ver várias vezes por dia. É todo um trabalho de não mexerem, de respeitarem, de esperarem até o dia da entrega na festa de encerramento.

Na festa, há danças, e a representação de um auto de Natal escolhido pelo grupo de crianças que vai sair da escola, encerrando com um almoço para as crianças e seus pais. Therezita explica o teor ecumênico da comemoração: "Sempre tivemos alunos de várias religiões. Além de contar o nascimento de Cristo, conto a história de Papai Noel, que era São Nicolau, um homem que presenteava os pobres. Foi a Coca-Cola que inventou esse boneco vestido de vermelho e branco e com botas pretas, e ele passou a ser a representação desse personagem. Avós das crianças judaicas costumam levar comidas típicas de suas festas religiosas. E algumas crianças chegam a tentar fazer *shabat* na escola, na sexta-feira. Conheço muitas famílias judaicas que comemoram o Natal, seja porque todas as crianças gostam muito dessa festa, seja porque há casais mistos".

O brincar na Te-Arte é muito espontâneo. Therezita diz que a criança deve ser deixada à vontade, inclusive para não fazer nada: "Ela não pode estar o tempo todo levada a fazer alguma coisa. Essa é uma angústia de quem trabalha com crianças, querer deixar a criança sempre ocupada; é uma influência do mundo industrial, não se pode ficar à toa. A criança precisa ter o tempo dela, precisa ter essa preguiça. Se está sentada no banquinho ou na beira do tanque de areia, deixa essa criança ali, está maturando coisas que está vendo. O adulto bem treinado sabe se o olhar não é vazio ou de tristeza. A criança que pára, que olha, que pensa, que observa, consegue entrar com

De volta ao quintal mágico • 157

A magia no olhar enquanto observam...

...a pinhata em forma de dragão que solta fogo pela boca.

muito mais consciência numa atividade, do que outra que está agitada. Sempre falo para aceitarmos o ritmo da criança".

As crianças, na Te-Arte, olham muito e são muito olhadas. Em todos os sentidos. E com todos os sentidos.

〜〜

Na Te-Arte, a música também entra na dança todo dia. São muitos os instrumentos: tambores de todo o tipo e tamanho, flautas, chocalhos, piano... Só que nem precisa de instrumento específico. "Em nosso trabalho com música, **o principal instrumento continua sendo o corpo da criança.** O tom de voz, o ritmo da voz, o choro, o caminhar, o correr, o pular, e o se bater: pé, palma, contra o próprio corpo. O adulto faz com que a criança sempre fique percebendo o som e comparando o que é igual, o que é diferente. Cantamos músicas bem fáceis, do folclore, com estribilhos; mas não pegamos só as mais comuns. Adaptamos algumas cantigas estrangeiras, como a da 'pinhata'", conta Therezita. "Usamos muito tambores e bumbos primitivos, o adulto senta na beirada do tanque de areia e começa a tocar e a cantar, as crianças que querem, acompanham. Fazemos que elas escutem o silêncio, o som melodioso, o barulho, que distingam. Mostramos a música dos instrumentos mais famosos, algumas vezes usamos toca-discos ou gravador; todavia são os tambores e atabaques que usamos quase todos os dias. Tem a música que os bichos fazem, o latido, o canto do galo, o grasnar do pato, tem o ruído de arrastar as cadeiras, e a gente sempre pede para elas perceberem como é o som. Até que elas acabam compondo suas próprias canções, suas

De volta ao quintal mágico • 159

próprias invenções, e vão conseguindo tocar juntas. Desenvolvemos também a atitude de ouvir; e quando vêm músicos aqui, todos ouvem quietos, há muito respeito pelo trabalho do outro, mesmo entre os menorzinhos."

Já se tentou trabalhar com professores de música, mas a maioria quer fazer bandinha, quer ter sala especial, horário especial. E, na Te-Arte, a música é feita a qualquer hora, dentro, fora, no tanque de areia, na horta, onde for. Mirna, uma professora de música, e Tião Carvalho, músico, conseguiram desenvolver atividades musicais com as crianças, durante algum tempo. Tião, que vive na região do Butantã, continuou a freqüentar o novo espaço. Ele é a pessoa que exerce a influência mais duradoura em termos de música na Te-Arte. E vice-versa: o músico maranhense acredita que a escola sempre enriqueceu sua carreira de artista: "Cada vez que eu venho aqui, me alimento. Vejo as crianças me rodeando, umas tentando tocar os tambores, outras dançando. Sinto como a música interfere com essas crianças. Havia um pequeno que tinha mania de abraçar um instrumento; esse botar no peito é querer botar a música dentro dele. Esses momentos são incríveis. Por outro lado, nunca tive essa visão, de que eles vão ser músicos. Não estou sendo um professor de música. O que eu quero é que eles tenham a música próxima deles. Também me emociona o crescimento das crianças com deficiência, como dão crescimento para a gente e para as outras crianças. Do mesmo modo, a criança 'normal' é importante para desenvolver as que têm problemas".

Há alguns anos, Therezita contratou uma pessoa para montar um coral, pois as crianças estavam sentindo necessidade de cantar mais. A experiência durou dois meses. Atualmente, há um grande interesse em aprender danças folclóricas e, uma vez por semana, a jovem Daniela trabalha com maracatu, congada etc.

Em junho, mês das festas de São João, sanfoneiros e zabumbeiros vêm pelo menos uma vez por semana ao terreiro da Te-Arte. Às vezes, as famílias das crianças estrangeiras apresentam danças típicas de seus países. Já foram vistos "espetáculos" de música boliviana, mexicana, espanhola, japonesa...

Embora não haja nenhum músico "profissional" colaborando semanalmente com a escola, sempre se ouve muito som naquele espaço: todos os adultos "são" músicos, cantam, dançam e tocam pelo menos tambores.

Outra atitude musical é a busca de rimas. Cantando, contando histórias, ou simplesmente falando, já virou costume na escola ficar achando rimas. É um tal de "seu Zezé pegou busca-pé, tomou café", "dona canseira muito farofeira" e assim por diante. Estimuladas, as crianças encontram rimas para a palavra proposta, ou até começam a inventar rimas quando estão brincando sozinhas. Uma rima chama outra.

Caleidoscópio

A língua pátria é um material de arte, e está dentro do nosso trabalho.

Therezita

* * *

Um menino de 4, 5 anos, destruindo os bolinhos de areia feitos pelo colega. O adulto pede que respeite o trabalho do outro. O menino, olhando furioso: "Eu desmancho você".

* * *

O Salgado chegou um dia com um mapa todo amarelado na mão e disse que um velhinho lhe dera, pois estava muito velho e não tinha forças para procurar o tesouro. Então os meninos maiores foram seguindo o Salgado, e contando os passos, precisaram descontar a cerca da horta, que não havia naquele tempo, e mais cinco passos para a esquerda, deu no muro, depois achamos a direção certa e a indicação era debaixo de uma mesa, cavoucamos, o tesouro estava mesmo lá, e as crianças avançaram para pegar o dinheiro antigo e as moedas antigas.

Relato de um garoto de 6 anos

* * *

Numa representação, a menina quis fazer o papel do pai que abandona os filhos na floresta: é que ela se sentia "abandonada" pelo pai, que estava fazendo uma longa viagem.

* * *

Se a criança não queria pôr o quimono para fazer judô, fazia com a própria roupa. Se não queria fazer, ficava assistindo, sentada na beira do tatame. Kurachi: "Assistindo, ele aprende mais do que fazendo obrigado".

* * *

O homem não brinca mais. A criança pequena começa a fazer imitações do homem que não brinca mais e vai acabar sem nunca ter brincado. Muitas crianças só vêem a mãe usando aparelhos elétricos, não vêem a mãe sacudir a roupa, cantarolar enquanto bate um bolo. Em vez do canto, o barulho dos motores domésticos. Cadê o lúdico que era da vida?

Therezita

* * *

A Tê é muito brava.

Quase todos os alunos da Te-Arte, algum dia

* * *

A criança não tem nem mais o que imitar. Porque ela tem necessidade de fazer coisas, seu organismo está na fase do concreto, de pegar, de sentir as coisas. A casa não existe mais. Chega sábado e domingo, as pessoas têm de arranjar coisas para colocar a criança fora de casa (e elas também). É a obsessão do programa. Não é a idéia do lúdico. É só canseira. Segunda-feira, a criança chega na escola, é uma exaustão só. Não viveu gostoso com sua família – mas teve programa.

Therezita

* * *

Marca registrada da existência paulistana é a profissionalização da vida. O trabalho, a compra, a comida, o transporte, a religião, a família, a comunicação... tudo tende a ser profissionalizado, ou seja, apropriado como conhecimento por um determinado grupo de pessoas que se dedica "profissionalmente" ao assunto [...]. A própria criança tende a ser uma profissional. Ela indiretamente é remunerada. Ganha dinheiro através do brinquedo, da roupa, da revistinha. Ela "trabalha" com a família para obter bens que satisfaçam seus desejos. Desejos esses provocados pelo consumo, via propaganda.

Pai

* * *

Quando um quer arrancar o brinquedo do outro, a gente deixa. Mordida, puxar cabelo, a gente interfere.

* * *

Procura com olho de achar.

Therezita

* * *

Melosidade, de deixar fazer o que a criança quer, não é afeto. É caótico. No fundo, o afeto é objetivo, é uma coisa pensada, conhecida; afeto não é o "coitadinho", mas sim uma reflexão. Só se pode gostar do que se conhece.

* * *

Relação: ver o outro e deixar ser visto pelo outro. Se você não entra em relação, não consegue chegar no outro, passa anos do lado do outro e não o vê (e nem é visto).

* * *

Pais se perguntando numa reunião: "Por que estamos aqui? Porque nossas crianças estão aqui".

* * *

A Tê sempre fala de modo direto – o pinto do menino, a xoxota da menina; não há eufemismos.

Educadora da escola

* * *

Havia uma idéia e uma figura matriz e motriz capaz de coordenar toda essa engrenagem, cujo resultado prático é entusiasmante, porque não se exaure, é sempre renovado e aberto a novas possibilidades.

Mãe membro da equipe, a respeito de Therezita

* * *

No campinho, a brincadeira de coelho sai da toca. O adulto explica rápido, a criança fonemática (que entende uma parte de cada vez; por exemplo, na alfabetização, os fonemas) se atrapalha toda, não consegue apreender muita ordem junta. Aí o adulto percebe, dá a mão para a criança, explica passo por passo, concretamente, ela compreende direitinho.

* * *

Sempre tinha um pai que não sabia, e de novo a Therezita precisava explicar as diferenças da criança fonemática e da global, não só quanto à alfabetização, mas nos outros jeitos de ser na vida.

* * *

A Therezita é incrível, ela tem olho nas costas.

Mãe

* * *

Natação. Uma das professoras da escola, dentro d'água com as crianças, diz para bater os pés de um certo jeito. Therezita, também dentro da água, fala: não é aula de natação, é só para brincar com a água, para gostar da água. Não estou querendo o desempenho.

* * *

Não adianta você trocar todas as crianças, arrumar as lancheiras e as sacolas, você não trabalhou nada o corpo, nem a relação, não falou com aquela criança, não perguntou se ela queria por o sapato, ficou só "cumprindo" tarefas.

* * *

A primeira produção artística da criança é o cocô. Se a gente não aceita, se fica brava, também não está aceitando a criança.

* * *

E veio numa reunião de pais o irmão mais velho, de 14 anos, reclamando do caçula temporão de 4 anos, da prepotência do pequeno mandão.

* * *

Seria bom que em todas as escolas houvesse o intercâmbio, do grande de 14 anos com os pequenos de 4 anos, que ele pudesse brincar com os menores; haveria possibilidades de crescer, de aprender, de ambos os lados.

Therezita

* * *

Muita energia. É preciso água, pedra, madeira, serrote, martelo. Poder mexer e receber resposta de tranqüilidade. A criança se reabastece com o que produziu.

* * *

As crianças têm espaço para gritar na Te-Arte. Mas a gente nunca chega lá e ouve aquele barulho ensurdecedor de qualquer recreio de escola.

Mãe

* * *

Não tenho material para que a criança se motive. Tenho para que a criança pesquise, para que mexa em muitas coisas. Tendo água, terra, fogo, planta, animal, para mim já tenho tudo. Os outros materiais são extensões, sofisticações, situação de consumo. Fazemos vários jogos de ver e não ver, de ouvir e não ouvir, sem nenhum material, usando só o corpo.

Therezita

* * *

Tirar a roupa descendo a escada, ou escondidinho, aí a "situação" sexual não é pesquisa ou curiosidade natural. Existe muita curiosidade, mas também se ficar o tempo todo só preocupado sexualmente com o corpo, não é da idade. Talvez seja o apelo da televisão, ou de casa, mas este ano o aguçamento sexual começou cedo, bem antes da primavera, que é uma época em que as crianças ficam mais acesas.

Therezita, numa reunião

* * *

Se a criança estiver solta, brincando, e o adulto também a perceber com soltura, num ambiente aberto, isso não leva uma hora por dia, bastam alguns minutos, não precisa ser um especialista, mas apenas uma pessoa que simplesmente goste de brincar com a criança.

De volta ao quintal mágico • 169

* * *

O menino tinha 3 anos e estava muito machucado. Não queria exercício, não queria nada. Aí começou a viver tudo que não vivera. Seus desenhos, que só eram vermelhos e pretos, começaram a ficar verdes.

* * *

Olhar que se detém. É raro. Ninguém mais olha para ninguém. As pessoas estão se desaprendendo. Quando você olha, se compromete. Olha se está bonito, fica com inveja, percebe que outro tem fome – porque olhou. Se não olhou, o outro é mais um objeto do qual você passou por perto.

* * *

C., 3 anos e meio: *Eu quero morrer.*

L., 7 anos: *Não fala assim, pois não adianta dar beijinho que não acorda.*

C.: *Não acorda mais? E no outro dia?*

L.: *Também não.*

C.: *E mesmo se fizer coceguinhas, não abre o olho?*

* * *

Aula de letrinha, maio de 1984; excepcionalmente no primeiro semestre, naquele ano: "A Matilde vai para outro país, aprender letrinha noutra escola, maior, e eu convidei vocês e ela para ter aula de letrinha, como se fosse uma despedida", falando pausadamente, Therezita pede para que cada um desenhe uma pessoa, seja moço, velho, mulher ou criança, sem olhar como o outro está fazendo. Pede a Matilde que descruze as pernas (os pés estão no meio no ar, não alcançam o chão): "Agora que você vai para aula de gente grande, não pode ficar com os pés pendurados, vou arranjar uma caixinha para vocês porem os pés. Com as pernas cruzadas a energia não passa direito".

* * *

É possível passar para outras pessoas, sim. Basta olhar para a sua criança. Olhem para as crianças de vocês. Os seus filhos. Olhem também para a criança que ainda está dentro de vocês.

O trabalho de brincar, com arte

Therezita não encontra palavras que definam exatamente seu trabalho. Não diria que é uma pré-escola, pois não está estruturada como tal nem pretende alfabetizar seus alunos – embora a maior parte deles saia alfabetizada ou com muita prontidão. Também não é uma atividade de arte-educação, ainda que arte seja imprescindível a seu processo. Prefere dizer recreação – "nós brincamos com as crianças" –, mas também sabe que recreação não explica tudo. Arte está no nome da escola e, além disso, existe uma grande vinculação com música em seu dia-a-dia, desde os tempos da Pró-Arte.

Para os pais, é escola e mais do que pré-escola; só que não pretende desenvolver currículos, não dá aulas de inglês, nem balé; e principalmente não visa a determinados produtos específicos. Antes do produto, Therezita está preocupada com o processo. Existem objetivos, porém, estreitamente ligados com o desenvolvimento global da criança. Os pais algumas vezes sentem o trabalho como terapêutico – e a própria Tê não o nega –; todavia essa finalidade é alcançada mais em função do trabalho como um todo, não é perseguida especificamente.

Na Te-Arte, desenvolve-se um trabalho recreativo, educativo e criativo com crianças de oito meses a 6 ou 7 anos, em que o brincar é fundamental. A brincadeira é o "trabalho" da criança, é a forma mediante a qual ela se conhece e conhece o mundo. Sem estarem separadas em classes e permanecendo ao ar livre na maior parte do tempo, as crianças vão desenvolvendo sua sensibilidade em contanto com os materiais mais diversos, predominantemente os naturais. "No entanto", ressalva Therezita, "se preservamos uma vivência que a criança urbana não tem mais, isso não significa criar um ambiente artificial: ela tem acesso às mesmas coisas que teria num quintal antigo e grande."

A personalidade de uma pessoa depende essencialmente da fase de 0 a 7 anos. Se a criança não passar por um processo de sensibilização artística – podemos chamá-la também de sensibilização geral –, corre o risco de enfrentar muitos problemas futuros. Nesse ponto, Therezita é incisiva: se a criança não passar por esse processo, não adianta querer colocá-la em escola de arte depois, porque toda uma etapa estará queimada. E mais ainda: todo o posterior desenvolvimento em qualquer

De volta ao quintal mágico • 173

Fazendo arte juntos e convivendo com proximidades.

No salão, muitos estímulos e possibilidades para cada um encontrar a sua forma de arte.

área de aprendizagem depende do que houve de criatividade quando pequena.

A criança bem trabalhada, que puder brincar usando sua sensibilidade, e que for estimulada sensorial e afetivamente, não terá dificuldade de acompanhar qualquer tipo de ensino, do tradicional aos mais livres e/ou avançados. Isso é o que vem acontecendo com os alunos que saem da Te-Arte e se adaptam a colégios particulares, públicos, experimentais etc., dentro e fora do Brasil. Por todas essas razões, Therezita considera a arte imprescindível nessa faixa etária, nunca complementar.

Como é um dia na Te-Arte? Crianças por todo o canto. Crianças pegando, apalpando, observando, cheirando, molhando, ouvindo e fazendo sons, sentindo o gosto dos alimentos, distinguindo cores. E correndo, pulando, serrando madeira, pregando pregos, colando, pintando, cantando, jogando bola, fazendo fogo, representando cenas, brincando de casinha, de loja, de médico, de trem, de floresta, de cozinhar de verdade ou aprendendo "letrinha". Na casa das Perdizes, Therezita convidava para as aulas de "letrinha" as crianças que percebia estarem maduras. Ela conduzia essas aulas de pré-alfabetização duas vezes por semana, à tarde. Tal esquema funcionava em horário separado principalmente em função da localização da escola e porque a maioria das crianças morava nas redondezas. No Butantã, a "letrinha" acontece todas as manhãs: as crianças que se interessam pela atividade vão se chegando nas mesas em torno do adulto que está trabalhando com formas de escrita e leitura. Atualmente, Renata é a pessoa responsável pela aula de "letrinha".

Há alguns anos, foi introduzida uma prática que não acontecia nas Perdizes: a lição de casa. A razão da mudança vi-

De volta ao quintal mágico • 175

sa à preparação para uma conduta requisitada na maioria das escolas: assim, a criança não sentirá tanta diferença quando for cobrada mais tarde. Therezita, entretanto, transforma essa obrigação num momento marcante, de iniciação, levando a criança a perceber que está passando para outra fase. Ao completar 6 anos, ela e os pais assumem o "compromisso" de fazer lição de casa.

A orientação do "adulto" nem sempre é necessária; muitas vezes as crianças mesmas se organizam numa brincadeira e passam um bom tempo entretidas, tornando-se inútil sua intervenção. No entanto, os "adultos" mantêm-se atentos às crianças, mostrando as situações de perigo, como um pequeno subir em árvore ou no alto do trepa-trepa. Eles conduzem, orientam, desfazem situações de conflitos. Todavia, sua atitude não é repressora ou de proibição. Eles mostram, perguntam, conversam. A atitude também não é passiva, de ficar sentado olhando: é muito participante, de pôr a mão na massa o tempo todo.

Não existem os hipocondríacos cuidados corporais; não há a obsessão pela limpeza a qualquer custo: a convivência com uma certa **"sujeira"** ajuda a criar anticorpos.

Adultos e crianças atuam em conjunto. Os adultos não estão lá só para direcionar; eles também aprendem muito. Márcia Alves, que primeiro estagiou como mãe de aluno e depois trabalhou alguns anos na Te-Arte, retrata bem a situação: "Ao participarmos como pais-estagiários das atividades, observamos e vivemos o ideal comum do respeito às pessoas e ao indivíduo, de modo que todos cooperam, trabalham, brincam, e nesses contatos aprofundam suas relações, trocam informações e adquirem muitos conhecimentos. Somos, de fato, aprendizes numa enorme oficina onde fabricamos brinquedos e brincadeiras, esculturas de barro e paisagens coloridas, doces e utensílios, passando pela música, pelo teatro, pela dança, chegando à produção de histórias e aos ensinamentos sobre o mundo e sobre o ser humano que nele habita".

Therezita visa à preservação da infância por meio da natureza. A arte vai acontecendo o tempo todo, surgindo dessa atitude básica de trabalhar o movimento corporal. Surge da criança, não é imposta pelo "adulto", vem como conseqüência do processo. Não são necessárias salas especiais, não são necessários materiais caros e sofisticados, não são necessários professores especializadíssimos. Em qualquer cidadezinha do interior, esse trabalho é possível. Areia, terra, argila, água, tintas, lápis, papel de qualquer tipo, sucatas, farinha, cola, plantas, ar livre e adultos atentos. A única condição é essa atitude do educador ao lidar com a criança. Descoberta a chave, a pedagogia torna-se uma arte simples como brincar.

Em 1995, Silvia Helena Vieira Cruz, professora da faculdade de educação da Universidade Federal do Ceará, fez um estágio de aperfeiçoamento em educação infantil na Te-Arte, dentro de um programa realizado na Fundação Carlos Chagas. No vídeo que realizou, a professora Silvia mostra os pontos que caracterizam a pedagogia da escola, ao acompanhar um dia na vida dos pequenos alunos. Para a pesquisadora, os aspectos principais são: harmonia entre espaço físico, equipamentos e a proposta pedagógica; a convivência de diferentes idades; as múltiplas possibilidades de interação entre as crianças; a ausência de rotinas rígidas; a participação de educadores em to-

De volta ao quintal mágico • 177

das as atividades; a presença das famílias; o respeito a regras e limites; e a valorização da arte, do folclore e da tradição.

Festa, xixi, paçoca, letrinha

Sentadas no salão, as crianças ouvem uma história. Noutro dia, algumas sentadas, a maioria dançando ou tocando tambor, participam de uma congada. No final da manhã, as maiores estão tendo aula de "letrinha", enquanto dois pequenos tocam tambor, no mesmo ambiente: as atividades podem ser concomitantes, não há necessidade de se trabalhar em espaço separado. Não existem grandes interrupções no ritmo de cada um, não acontecem mudanças repentinas e obrigatórias para todos. Na hora do almoço, os adultos chamam, toca-se um sino – às vezes alguns ainda se demoram no que estão entretidos, mas em seguida vão ao encontro do grupo. As crianças se reúnem em torno da mesa na hora do lanche ou do almoço, ou sentadas na borda do tanque de areia ou no declive do jardim quando há aniversário.

No início, nas Perdizes, as crianças faziam a comemoração no dia do aniversário, ou noutro que conviesse aos pais; depois, para facilitar os convites, que são desenhados um a um, estabeleceu-se que seria sempre às quartas-feiras. Hoje, o esquema voltou a ser flexível, para conciliar com a agenda dos pais que querem estar presentes. Daí tem bolo, e são trazidos legumes, verduras e frutas (nesse dia ninguém traz lancheira), que as crianças comem como no lanche de sempre. Há o parabéns, o corte do bolo, e, às vezes, uma "pinhata".

A "pinhata" foi introduzida por um garoto mexicano que freqüentou a escola durante dois anos. Faz-se um bicho de estrutura de papel colado em pedaços superpostos; ele é pendurado, e a criança, de olhos vendados, tem de arrebentá-lo com um pedaço de pau. De dentro saem doces ou brinquedinhos. Enquanto um bate, os outros cantam uma canção folclórica mexicana, traduzida e adaptada pelos professores da Te-Arte: "Bate, bate, bate / Não perca a cabeça / Porque se a perde / Perde o caminho / Não quero ouro, não quero prata / O que eu quero é romper a pinhata / Que 'la' rompa". Esse costume adquiriu tal significação, que quase todas as crianças pedem à escola para ter uma "pinhata" em seu aniversário. Atualmente, as famílias estão ainda mais afeitas a aprender a fabricar os bichinhos recheados. Therezita ensina o princípio e as "pinhatas" saem de papel machê, de estrutura de isopor, de caixas de papelão, de garrafas *pet* etc.

Com relação a festas, não há observância de datas que se incorporaram um tanto artificialmente aos calendários escolares como o dia das mães, dos pais, do índio, da árvore etc. São comemorados o Natal e a Páscoa, ambos com um almoço, contudo sem uma conotação religiosa em particular; o cunho tende a uma visão espiritualista e humanista. A festa do Divino, uma procissão da Nossa Senhora de Guadalupe, um *shabat*, também podem acontecer num ano ou noutro. A festa mais esperada e curtida – a junina – leva semanas sendo preparada, com doces e comidas típicas feitos na escola. As crianças fabricam pirulitos, moem paçoca, constroem barracas de prendas e participam de jogos, ao som de um sanfoneiro. Os pais não podem entrar: o mundo é só delas.

Como em toda escola, há reuniões de pais e professores; só que estas já tiveram um leque variado de dinâmicas. Discutem-

De volta ao quintal mágico • 179

se os problemas das crianças em todas as áreas. Inicialmente, as reuniões eram divididas por idades – 0 a 4 e 4 a 7 anos. Hoje, não são separadas por faixas etárias. Therezita percebeu que a reunião unificada trazia mais enriquecimento aos pais, que podiam vivenciar problemas de diferentes idades. Nas reuniões, não é citado o nome da criança; o pai diz apenas minha filha de 3 anos, para não vincular a criança àquela atitude. Isso funciona também para identificação com quem tem filhos da mesma idade. São duas reuniões por semestre, mais os encontros com especialistas convidados. Quando há necessidade, marcam-se reuniões específicas.

Os temas vão da sexualidade precoce ao xixi na cama, do ciúme entre irmãos ao problema da morte, do não uso de uniforme ao menino que não gosta de espinafre. Algumas vezes, acontecem verdadeiras sessões de psicodrama. Sempre se aprende muito. Para os pais de crianças de 4 a 6 anos, a ansiedade em relação à alfabetização é muito grande. Therezita defende que a criança só pode ser alfabetizada em torno dos 7 anos, quando realmente está "pronta". Antes disso, acredita ser "mero adestramento". No entanto, com a pressão do mercado, muitas escolas conceituadas fazendo "vestibulinhos" para o ingresso na 1ª série, todo ano o assunto alfabetização vem à tona, despertando visões contraditórias. Alguns pais sucumbem e não conseguem deixar o filho até o final do sexto ano de vida sem fazer o pré-primário. Tiram a criança da Te-Arte e a matriculam na escola que desejam, para garantir a vaga talvez sem "vestibulinho". A questão é controversa, mas quem esperou na Te-Arte até os 7 anos não tem se arrependido.

DULCILIA SCHROEDER BUITONI

A avalanche das escolinhas que preparam para a alfabetização desde os 3 ou 4 anos origina-se no mito da supremacia do saber institucionalizado e resulta numa pressão social muito grande. Para muitos, é difícil acreditar quando Therezita diz: "Para que obrigar um garoto de 5 anos a sentar numa carteira, se ele quer correr ou subir numa árvore? Brincar é muito mais importante do que fazer dezenas de exercícios de coordenação escrita. Se o corpo estiver preparado, leitura e escrita chegarão naturalmente".

Neste século XXI, várias gerações depois, muitos pais continuam a comprovar a veracidade desta postura.

As pessoas de antigamente

Um pianista, um psicanalista, um campeão de judô, uma pedagoga, a irmã mais nova, uma fisioterapeuta, mais algumas pedagogas, uma antropóloga, uma professora de francês... Gente trazendo cultura de outros países: Japão, Marrocos, Finlândia. Therezita foi juntando pessoas, a partir de seu contato com Gilberto Tinetti – o início ao lado da escola de música Pró-Arte –, até a instalação da Te-Arte no bairro das Perdizes. Esse primeiro período teve uma influência marcante de profissionais ligados à psicanálise e à psicologia, inclusive com a formação de grupos operativos e outras atividades de cunho terapêutico envolvendo a equipe da escola. Também havia um espaço significativo para práticas "esportivas", como natação e judô, que não continuaram na sede do Butantã.

Mais adiante, o sensível relato da antropóloga Marta Azevedo sobre a educação que indígenas brasileiros dão a seus filhos mostra como ainda temos muito que aprender com os primeiros habitantes de nossa terra.

Kurachi e Nelson Pocci: o judoca e o doutor

Kurachi é uma lembrança muito querida. Seu corpo forte e ágil, de campeão pan-americano de judô, virava jacaré no chão, junto com um bando de crianças vestidas de quimono. Kurachi tinha uma visão toda especial do judô e de sua pedagogia. Conseguia trabalhar com crianças bem pequenas, às vezes de 2 anos, e, com **movimentos imitando animais**, ou casinhas marcadas com giz branco no tatame, formava um balé coordenado, forte e muito alegre. Therezita integrou sua academia simples da Heitor Penteado ao trabalho da Te-Arte. Meninos e meninas faziam um trabalho de corpo na academia de Kurachi duas vezes por semana, à saída da escola. Num esquema de revezamento, levava 30 crianças de cada vez, elas iam num ônibus contratado por Therezita, que os acompanhava ao judô. Já iam vestidas de quimono, trocado na escola, e tornavam a vestir suas roupas ao final da aula, que durava de trinta a quarenta minutos.

Embora ensaiassem algumas lutas, a finalidade não era marcial, mas sim a flexibilidade e o conhecimento dos limites do corpo. Com crianças portadoras de deficiência ou agressivas,

Kurachi conseguia milagres. No final do ano, as crianças que sairiam da escola tinham uma espécie de "formatura", realizada na academia de judô, com o recebimento da faixa azul. Kurachi introduziu algumas idéias, como a festa japonesa Undo-kai – uma grande gincana para gente de todas as idades –, e alguns pratos que chegou a preparar em festas na escola. Passava toda uma filosofia em poucas mas sábias palavras. Também trabalhava com adultos, à noite; e alguns pais tiveram a oportunidade única de exercitar o corpo, a respiração, a emoção junto com Kurachi.

Morreu num acidente de barco, em 1983, pondo fim a anos de dedicação e trabalho. Therezita tentou manter a atividade do judô, com um irmão de Kurachi, contudo, sua pedagogia não era a mesma.

~~

Médico psicanalista, com formação da Sociedade Internacional de Psicanálise, da Sociedade Londrina e da Sociedade Brasileira de Psicanálise, o doutor **Nelson Pocci** conheceu Therezita porque também se preocupava muito com a criança de 0 a 7 anos. Mais tarde, desenvolveu um trabalho de acompanhamento semanal da prática pedagógica da Te-Arte, quando toda a equipe da escola participava de sessões em seu consultório.

O doutor Nelson afirma que esse trabalho foi a contribuição da psicanálise para uma idéia de pré-escola. "A psicanálise abre espaço para que as pessoas possam conversar. No caso da criança, faço analogia com o índio. **A criança também**

traz tão naturalmente certas situações, o que não está sendo respeitado. No contato com a escola, trabalhamos muito a respeito do que os adultos observavam e como lidar com o que as crianças comunicavam."

Na década de 1960, o doutor Nelson começou a participar de grupos de estudo que visavam às atividades da criança "normal" e a necessidade de se dar atenção à que ainda não está em idade escolar, pelo fato de a presença da mãe ser cada vez menor. Com a profissionalização da mulher de classe média, diminui cada vez mais o tempo disponível da mãe para a criança. Esse contexto trouxe novas preocupações sobre como a família deve cuidar do filho. Começaram a ser solicitadas palestras ao doutor Pocci.

A idéia de grupos de arte com ou sem iniciação musical ou grupos que reuniam crianças somente para brincar passou a ser uma opção de trabalho. Surgiram alguns grupos assim. "Eu diria que fomos nos encontrando em torno de interesses comuns." O contato com as famílias e as crianças começou a mostrar a necessidade de se criar um espaço onde a criança pudesse se desenvolver sem estar submetida a muitos preconceitos e, ao mesmo tempo, onde estivesse presente a cultura da época. "Desenvolver, socializando-se, aprendendo a lidar com a dependência, pois todos somos dependentes. No ateliê da Maria Célia, a Tê já tinha a percepção muito dirigida para a criança. Ela observava, conversava, acompanhava, usando as artes, tinta, escultura, barro, música etc. A análise pessoal ajudou muito a Tê a usufruir desses dons que ela tem. Eu sempre ressalto a importância de que as pessoas que lidam de perto com o ser humano sejam aquelas pessoas que tenham a experiência de análise pessoal."

Com os professores da Te-Arte, o doutor Nelson realizava reuniões semanais, na época chamadas de "grupo operativo". Ele conta que "era uma troca de idéias, uma espécie de grupo de supervisão, ou melhor, um grupo de meditação. A função era mais meditar, sem ter a preocupação de tirar uma conduta". Situações práticas eram colocadas, relatavam-se casos e o tipo de emoção que causavam. "Passamos cinco anos conversando. Concomitantemente, começou a surgir a necessidade de conversar com os pais e pensar sobre suas idéias a respeito do que a escola poderia dar aos filhos. Era um depósito de crianças? Um lugar para aprender a usar o garfo, a comer direito? Um lugar para aprender coisas úteis? Ou só para brincar? Era preciso distinguir na conduta dos pais a conduta integrativa (com a escola) da desintegrativa (ao contrário, a escola é vista como algo que tira a criança do lar). Por exemplo, se a criança leva fatos novos, que não fazem parte daquela família, como a família se sente? Rejeitada, desconsiderada? É preciso ver onde está a desarmonia. Para tudo isso, a psicanálise é essencial."

O doutor Pocci fala também da importância de Kurachi no processo. "Nessas meditações, Kurachi, o mestre do judô, nos ajudou muito. Ele participava comigo de um outro grupo de estudos: conversávamos sempre sobre crianças. Não havia um líder; era uma troca de experiências comuns."

Therezita manteve a amizade com o doutor Nelson durante décadas, até seu falecimento, em 2005. Nos primeiros anos do século XXI, algumas mães de crianças da Te-Arte e Therezita ainda participaram de reuniões com o pscinalista, a fim de conversarem sobre as novas e antigas condutas pedagógicas.

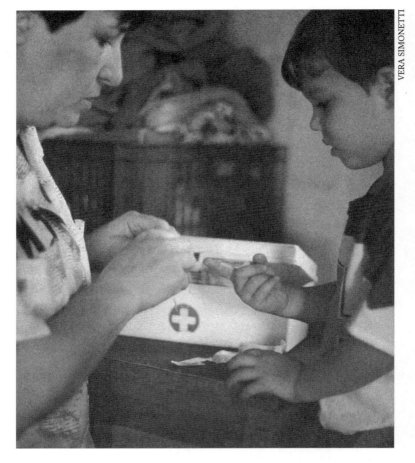

Maria Vilma Sarti Ferreira, um nome intimamente ligado à história da Te-Arte.

Vilma Sarti e Luís Camargo:
a fisioterapeuta e o escritor

Ela tinha um jeito de mãezona, colo disputado pelos pequenos, que até dormiam em seus braços. Mas também fazia que se movimentassem muito. **Maria Vilma Sarti Ferreira**, fisioterapeuta formada na USP, adaptou a técnica de Raman, geralmente utilizada com finalidades terapêuticas, como forma lúdica de aprendizagem. Vilma havia estagiado em 1969 com Raman, na França. Começou na Te-Arte como mãe e acabou virando professora. Seus três filhos, hoje adultos, passaram pela escola.

No início de 1976, Therezita convidou-a para trabalhar na equipe. Nunca funcionou especificamente como fisioterapeuta; nem era essa a proposta. Vilma atuou como mais um "adulto" na Te-Arte. É lógico que observava problemas de fisio, impedindo esta ou aquela atitude prejudicial, ou facilitando determinados movimentos. Contudo, seu papel na escola não era o de fisioterapeuta.

Antes da Te-Arte, lidava apenas com crianças lesionadas. Passou a trabalhar com outra dimensão − criança "normal" −, apesar de sempre haver a proporção de uma criança com dificuldade para dez consideradas "normais". O conhecimento de fisioterapeuta funcionava mais para profilaxia: quanto mais cedo um problema fosse detectado, maior possibilidade de sucesso no tratamento. Assim, sem ser terapia, a atuação de Vilma na escola foi sempre profilática. Para essa perspectiva de trabalho corporal e para os objetivos da escola, era fundamental um espaço que favorecesse o comportamento exploratório. E, tanto nas Perdizes quanto no Butantã, o espaço foi e é muito favorável a este tipo de atividade da criança.

Até os 3 anos, o corpo é o *corpo vivido*. Nos primeiros três meses de vida, predominam os reflexos mais ou menos primitivos. Depois, a consciência do corpo vai se constituindo pelo corpo vivido, onde o tono da criança está muito ligado ao emocional. **É preciso oferecer essa oportunidade de exploração, um grande quintal com obstáculos.** "Olhando como fisioterapeuta, é o espaço ideal", acredita Vilma. "Nessa faixa de idade, se puser a criança sentada numa cadeirinha dentro de uma sala, ela fica doida. Agora em São Paulo está ficando moderno exercitar musculatura para o desenvolvimento intelectual, inclusive da fala. Como fisio e tendo a visão da criança lesionada, sei o que o espaço ajuda. Se há uma criança lesionada, minha função é alertar toda a equipe para tomar certos cuidados, como, por exemplo, não agarrar por debaixo dos braços determinada garotinha. Mas o espaço só facilita, além do enorme aprendizado com as crianças 'normais'".

Vilma apontava o caso de uma menina com Síndrome de Down, que apresentou desenvolvimento fantástico durante sua estada na Te-Arte: "É lógico, ela estava sendo atendida por uma série de especialistas, não dá para dizer que foi só a escola, porém, a escola acelerou o processo. Todavia, melhorou tanto que a equipe técnica que cuidava dela achou melhor que fosse para uma escola especializada. Houve muita insistência, a mãe acabou aceitando isso". Outra criança, com diagnóstico de autismo, nunca chorara, nunca olhara para a mãe. Em poucos meses, chorou, abraçou a mãe. Tinha dois anos de análise – o que influiu –, e a escola detonou. "A Te-Arte é uma escola *catártica*. Catarse que nasce do ambiente, da proposta e principalmente da figura da Tê." Numa outra história, um menino que durante um ano e meio não conseguiu se adaptar numa escola regular, em apenas três meses adaptou-se à Te-Arte. "É milagre? Não, não é milagre. Therezita não é milagrosa, não. Tem uma experiência, tem um sofrimento, tem um imenso trabalho aí. Trabalho pessoal, de se trabalhar", diz Vilma.

"Não é nada de moderno", continua Vilma. "Não é uma questão de moda. A figura da Tê é uma figura muito tradicional. Mas ela respeita a criança universal – em seu desenvolvimento orgânico. A mistura de várias idades proporciona uma convivência orgânica: se o menino de 4 anos tem necessidade de brincar como se tivesse 2, ele brinca com o de 2 e vice-versa. O espaço mais aberto, cheio de obstáculos, aumenta o domínio do próprio corpo, desenvolve a parte motora e dá muito mais segurança. Respeitando a necessidade da criança, a escola prepara para a vida; não prepara para a escola X ou Y. E isso tudo só brincando; recreação no sentido lato. Criança que não brinca é criança doente."

Depois dos 3 anos, vem a fase do molde. A criança está desenvolvendo sua personalidade e usa demais a imitação. As coisas precisam ser muito claras, os limites precisam ser cristalinos: o bem e o mal, o masculino e o feminino, as proibições. Nessa faixa de molde, é perigoso para a criança estar sendo lidada por pessoas dúbias, inclusive sexualmente indefinidas. "Não é uma questão de discriminação, é apenas necessário ser muito cuidadoso com as imagens que servem de modelo", acredita Vilma. A fisioterapeuta acha que até os 3 anos a criança está muito ligada à mãe, à família, e que deveria ir à escola somente depois dessa idade. Infelizmente, nos grandes centros urbanos, tal atitude se torna quase impossível.

Da infância em Terra Roxa, no interior de São Paulo, Vilma guarda boas lembranças e algumas lições que lhe foram muito úteis. "Quando estou com as crianças, um brinquedo, um trabalho, a recordação vem vindo... Me lembro como eu brincava, o cirquinho, a entrada que era um fósforo ou um alfinete, andar no arame, os quintais da minha cidade... Eu conheço todos os quintais da minha cidade, sei como é cada um. Quando fazíamos 7 anos, estávamos prontos para sentar e escrever. Alguns não conseguiam, eram os limítrofes; mas de 0 a 7 anos faziam tudo o que os outros faziam: não aparecia a deficiência, pois conviviam com outros que puxavam para cima. Até que viviam bem dentro daquele meio, socialmente era uma convivência boa. Essas crianças, numa cidade como São Paulo, não conseguiriam se salvar sem terapias."

Raman: um nome ligado a Vilma. A fisioterapeuta trabalhou com a velha Raman, pedagoga francesa, que tinha uma proposta pedagógica. Na verdade, o método Raman é uma pedagogia, não uma proposta terapêutica. Raman desejava que seu sistema de trabalho fosse incorporado aos currículos escolares como uma matéria. Não chamava o que fazia de psicomotricidade, não inventou nada em termos de material, apenas organizou, tentando mexer em todas as áreas do indivíduo, organizando e não adestrando. "O trabalho dela – o que eu conheci, porque hoje sei que está diferente, seu discípulo mudou e partiu para situação analítica, o que Raman nunca quis – é compatível com o trabalho da Tê", assegura Vilma.

A pedagoga Raman jamais quis escrever sobre seu método. Dizia que não dava para passar esse conhecimento teoricamente, apenas dentro da experiência: "O que eu escrever, amanhã já não existe mais. Existe a pedagogia, isso sim". Raman trabalhava com dossiês relativos às diversas faixas etárias, desde a criança até o adulto. Ela visava a atitude diante do trabalho: o que acontece com você diante da tarefa? Com você e o grupo? Com você e o animador do grupo? É todo um trabalho de corpo, de discriminação perceptiva, de interiorização. Ele permite uma relação de constatação, de saber seus limites, suas capacidades. O que Raman fazia era constatar. Por exemplo, notava-se que não era um problema motor e que então poderia ser emocional. Poderia dar margem a interpretar, mas isso Raman não queria. "Raman me ensinou a não trabalhar no vazio, apenas vendo a queixa", relata Vilma. "Tento trabalhar numa forma global, abrangendo várias áreas. Se você pegar só a queixa e trabalhá-la, está só adestrando."

No Butantã, Vilma aplicava sistematicamente Raman com as crianças da Te-Arte, primeiro com os maiores de 5 anos e depois até com os pequenos de 3 e 4. Nas Perdizes, era uma atividade mais esporádica. Introduziu uma modificação, pois na França o trabalho era feito em salas fechadas, com muito silêncio. Aqui, chamava alguns para as mesas e desenvolvia a atividade, enquanto outros brincavam e transitavam em volta. Fazia Raman com criança dizendo: "Vilma, vem me limpar!", e um outro passando correndo. Era incrível como conseguiam ter atenção para o que estavam fazendo. Eles se concentravam, havia todo um silêncio e as outras crianças sabiam que se estava fazendo um trabalho que exige cuidado.

Assim, neste centro de recreação e artes – como Vilma definia a Te-Arte –, as crianças vão se conhecendo. Há a figura da Therezita, dotada de uma grande raiz intuitiva, que lhe permite traduzir para a criança sentimentos da própria criança. Mas não é só intuição, segundo Vilma: "Para assumir tudo isso, tem muito trabalho por trás, tem muita análise. A vivência, o se trabalhar todo dia dão o suporte".

~~~

Houve uma época em que **a especialidade de Luís era fazer caminhos malucos**. Chegava cedinho e já ia construindo seu caminho com madeira, pneus velhos, pedras, areia – tinha dias em que até fazia antes um projeto, um desenho, imaginando como seria o caminho. As crianças se aproximavam, e de repente uma boa meia dúzia ou mais estava tentando percorrer a trilha com todos os seus percalços. Subiam, desciam, davam voltas, equilibravam-se nos pedaços de madeira, surgiam pontes, desfiladeiros, montanhas feitas de latões de óleo, túneis, teias de cordas – o caminho maluco era a aventura.

Ele era o *homem* da escola. **Luís Camargo** gostava de contar histórias para as crianças, mas não era só contar. Ia desenhando na lousa, as crianças davam sugestões, o enredo era construído em conjunto, às vezes a história saía de uma idéia de um pequenininho de 3 anos, outras vezes saía de um personagem que resolvera desenhar. Gostava mais disso, de contar histórias e de fazer caminhos malucos. Entretanto, porque era o *homem* da escola, acabava passando bastante tempo no campinho, jogando bola, dando vazão à necessidade de atividade física dos meninos. "Eu nunca fui muito dado a esportes, a grandes movimentações. Mas eu sentia quanto os meninos e as meninas também precisavam de um jogo com a bola. A

Therezita sempre estava preocupada em ter pelo menos um homem na equipe, e nós sabíamos que essa grande ausência, a da figura masculina, pesava demais na fase de molde. Por outro lado, era um ponto de conflito, havia muita expectativa em relação ao adulto homem, tanto por parte das professoras ou mesmo das crianças."

É lógico, os meninos viam nele a figura masculina, em alguns tempos dividida com outros, como o Tião, músico negro que pertencia ao grupo de teatro Vento Forte, sempre rodeado de crianças quando ia à escola. "Mas o interesse ou a ligação afetiva podia não estar ligado ao modelo masculino", diz Luís. "As crianças ligavam-se a determinados adultos em função da idade, da fase, de necessidades específicas; o fato de ser homem ou mulher quase nunca era tão determinante. Uma tendência natural: elas acabavam tendo mais afinidades com uma pessoa." Paulo, de 3 anos, se enfiava dentro do tambor que Luís tocava – um jeito de comunicar interesse e afeto.

O escritor possui vários cadernos com anotações que fazia todo dia, nos anos passados na Te-Arte – de 1978 a 1981. São relatos, reflexões, seu modo de ver e sentir o trabalho pedagógico. De quando em quando, desenhos de personagens, desenhos detalhando caminhos malucos ou outras construções, parecendo plantas de arquitetura – seu lado de ilustrador registrando a imagem figurativa.

Do primeiro semestre de 1980:

N. pegou um pau e bateu, de leve, em F. e L. e em mais outros, para variar (N. era um garoto muito agressivo).

Na construção de areia, M.P. (5 anos) deu uns golpes de caratê falando que era o Hong Kong Fu. Subiu em cima do "Monte Alegre" e disse que era a estátua de Deus. Aí o P., para ironizar, disse que ele era estátua de formiga.

Seu maior contato era com o pessoalzinho de 4 a 7 anos, contudo, também lidava com os menores, se um colo fosse requisitado. Também cantava todos os dias: a garotada o identificava muito com essa faceta musical. Certa vez, numa festa de Natal, ganhou um apito em forma de peixe, e um "pau de chuva" indígena – tudo lembrando sons.

Nem bem terminara a faculdade de artes plásticas, na Faap, em 1977, e já estava enfrentando uma barra pedagógica: foi trabalhar na Casa de David, em São Paulo, um internato para deficientes mentais próximos à faixa da adolescência. "Não sabia nem o que era excepcional. Os cursos são muito falhos na formação do arte-educador. É um absurdo não ter estudado, por exemplo, Victor Lowenfeld. Quando falavam sobre psicologia da aprendizagem, os professores não tinham experiência na área de arte, passavam dados de livro, ou no máximo de clínica."

Em 1978, foi trabalhar na Te-Arte. Queria lidar com pré-escola, indicaram-lhe alguns lugares, e começou a ver que suas idéias sobre arte e liberdade já eram praticadas há muito tempo por Therezita. "Eu tinha isso como proposta, não tinha fundamentação prática para saber que esse trabalho funciona. Nessa faixa de idade, a arte é superadequada. Mas não vinculada a produto: tem a fase de exploração lúdica, não

De volta ao quintal mágico • 195

importa o que vai sair. A areia é um dos materiais mais ricos; as crianças inventavam um mundo no tanque. E eu cantando. São vários estímulos, para elas e para o adulto, que deve prestar atenção a um monte de coisas que estão acontecendo ao mesmo tempo."

Se o trabalho exige muito do adulto – em termos de vigilância, versatilidade, olho e ação para um que está agressivo porque os pais se separaram, outra que se molha e está resfriada, outro que sobe perigosamente na árvore, outro que quer cantar e arranja rimas –, para as crianças, a liberdade de fazer algo sem horário e espaço determinado é muito gratificante. "Fazer aquela atividade na hora em que ela queria, em que estava a fim, significa que ela está inteira."

Contudo, a constatação de que até 7 anos a criança *deve brincar* e que *aprende brincando* é uma idéia muito difícil de ser assimilada pelos pais e pelos próprios profissionais da educação. "Eles não acreditam que a liberdade é criadora, que a motricidade se desenvolve com o desenho livre. Há muita cobrança dos pais. O profissional, porque estudou, acha que se tem de fazer trabalho metódico."

Essa liberdade não é só pegar e brincar com a criança. À primeira vista, brincar parece um trabalho fácil. "Tem um monte de coisas por trás. A criança ainda não tem desenvolvimento neurológico. A responsabilidade que a escola tem é muito grande", coloca Luís. "A maioria das escolinhas tenta passar conceitos e deixa faltar a parte de afetividade e de conhecimento das fases da criança. A Therezita não tem formação acadêmica, mas o nível de conhecimento que ela obteve em cursos, e em terapia, é impressionante. Não é uma coisa de intuição, foi preciso muito estudo, muita leitura e muita afetividade para entender a criança. Por exemplo, ela parte de um desenho, observa e tira dados sobre o comportamento da criança ou dá dicas precisas sobre como agir com fulaninho, que ninguém da equipe sequer imaginava. Essa formação que ela conseguiu reunir vai além de muitos profissionais."

Luís tem uma consciência muito viva em relação à necessidade de o educador passar por uma análise ou terapia: "Em relação à educação, você fica com uma visão muito limitada se não passar por uma experiência analítica".

Quando foi trabalhar na Casa de David, Luís pouco sabia sobre excepcionais. Na Te-Arte, viu os deficientes junto com as crianças ditas "normais" e pôde perceber como esse contato era eficaz em todos os sentidos: "Como postura de trabalho, eu acho excelente; as crianças 'especiais' apresentam um progresso bem maior do que em escolas específicas e as que não têm dificuldade aprendem a conviver e a respeitar. Mas era aí que eu me sentia bem despreparado mesmo. A Therezita era bem mais preparada, e eu ia acompanhando graças aos dados que ela passava".

Luís trabalhou muito tempo só com excepcionais. A experiência na Te-Arte enraizou e acabou servindo de referência. "Lidar com excepcionais é como lidar com crianças, pois muitas vezes seu nível mental 'equivale' ao de uma criança de pré-escola. Precisamos batalhar muito para mostrar que a pessoa que tem deficiências é *acessoriamente deficiente* e *não essencialmente deficiente*". A arte é seu instrumento principal. Luís costuma trabalhar em cima do desenho da criança, sem dar modelo: "Lá na casa de David é difícil as pessoas entenderem que se deve dar liberdade aos deficientes. Se a gente dá liberdade e respeita, as coisas começam a acontecer".

Paralelamente aos quatro anos que passou na Te-Arte, embora poucos pais soubessem, Luís Camargo escrevia livros infantis – ele não gostava de falar de seu trabalho fora daquele quintal e daquela casa. Eu mesma só vim a saber bem tarde que o Luís dos caminhos malucos e eterno noivo da festa junina escrevia e ilustrava livros para crianças. Alguns de seus títulos: *Maneco, caneco, chapéu de funil*; *Bule de café*; *Panela de arroz* (Ática); *Folia de feijão* (Abril); *O submarino e o sobreterrestre* (L&PM) e *O cata-vento e o ventilador* (FTD). A vocação pelas letras levou-o, nos anos 1990, ao Instituto Itaú Cultural, em que passou a ser o responsável pelo Núcleo de Literatura.

Em junho de 1981, a pedido de Therezita, que participaria de um congresso sobre pré-escola, Luís Camargo escreveu este relato, do qual transcrevo uma parte:

> Brincar é o modo de a criança expressar e elaborar seus sentimentos
>
> bater na boneca, como meio de lidar com os ciúmes do irmão que nasceu;
>
> às vezes de forma bem evidente, outras vezes de maneira simbólica,
>
> a criança elabora seus sentimentos;
>
> não que ela tenha intenção de esconder os sentimentos, mas quando esses sentimentos não são claros para ela surge a expressão simbólica;

Este é um esboço do que, me parece, fundamenta a prática educativa da Te-Arte.

Pode ser um esboço teórico, poderia fundamentar a prática de outras escolas. Pois, acredito, muitas pessoas ficarão entusiasmadas com o trabalho lá em Aracaju e se perguntarão: "Como realizar essa proposta lá na minha cidade?"

E, acredito, a única possibilidade de realização é a partir do fundamento, das bases.

Qualquer realização baseada na imitação exterior, sem haver antes a assimilação do corpo, do espírito da coisa, está destinada ao fracasso.

(A imitação oca, vazia por dentro, um dia se quebra.)

E, assimilado o corpo, o espírito da coisa, é possível aplicá-lo a realidades diferentes e até mesmo a realidades não escolares – escolas dominicais, obras assistenciais etc.

Resumindo, brincar é:
- o trabalho da criança;
- o modo de a criança explorar (absorver) o mundo;
- o modo de a criança formar, reformar, transformar o mundo;
- o modo de a criança expressar e elaborar seus sentimentos;
- o modo de a criança participar socialmente;
- o modo de a criança desenvolver papéis.

Parece-me, assim, esboçada a importância do brincar para a criança, a importância de um ambiente natural e estimulante, a importância do grupo de crianças.

De volta ao quintal mágico • 199

Falta agora delinear o papel do adulto:

- O adulto dá segurança à criança. Segurança em sentido físico e afetivo. É o *cuidado*. Por exemplo, trocar a criança, cuidar de um machucado etc.
- O adulto facilita, estimula a aprendizagem, o desenvolvimento.
- Contar histórias, cantar, dançar, brincar junto, estimular a participação de uma criança mais devagar etc.
- O adulto coloca limites.

O respeito por si mesmo (alturas, pedaços de pau pontudo, todas as situações de perigo); respeito pelo ambiente (arrancar folhas etc.); respeito pelos outros (respeitar o espaço do outro, quando vê um teatro, ouve uma história; prestar atenção quando está correndo e há pequenos no caminho etc.).

Na faixa de 0 aos 7 anos, a criança absorve muito do comportamento, das atitudes, do modelo dos pais.

O educador, nessa faixa de idade, é também outro modelo importante para a criança.

Por isso, é importante no grupo de adultos que lida com as crianças as personalidades diferentes, que oferecem várias possibilidades de identificação para a criança.

Resumindo, o adulto:

- é modelo;
- dá segurança;
- facilita a aprendizagem;
- coloca limites.

Quais são as características desse adulto, para poder trabalhar bem com as crianças?

Apenas a título de lembrança, menciono as "características da personalidade do recreacionista":

1) Tranqüilidade.
2) Descontração.
3) Dinamismo, ação.
4) Bom humor.
5) Segurança – confiança.
6) Lúdico.
7) Participação – iniciativa – maleável.
8) Boa comunicação.
9) Coerência.
10) Empatia.
11) Organização, planejamento.
12) Observação.
13) Paciência.
14) Afeto.
15) Limites de si mesmo e dos outros.
16) Sentimento musical.
17) Percepção de si mesmo e dos outros (desconfiômetro, antenas ligadas).

Pessoalmente, coloco como fundamental o *autoconhecimento* e a *auto-educação*, duas faces de uma mesma coisa.

Autoconhecimento
• conhecer os pontos pouco desenvolvidos e que precisam ser trabalhados;

De volta ao quintal mágico • 201

- estar atento aos próprios sentimentos, necessidades e conceitos para evitar colocá-los onde eles não estão – na criança;
- estar atento aos modelos interiorizados de relação adulto-criança para poder evitar os modelos inadequados.

Auto-educação

- do conhecimento dos pontos fracos surge a necessidade de trabalhá-los;
- do estar atento às próprias necessidades surge a necessidade de trabalhá-las em si mesmo e não na criança (exemplo muito comum dos pais que forçam os filhos para uma profissão que eles é que gostariam de ter; na prática educativa surgem várias situações – o adulto propõe uma brincadeira, as crianças querem outra diferente etc.);
- trabalhar o próprio modelo de relacionamento adulto–criança.

Bel e Ediva: a irmã caçula e a mãe/sócia

Maria Isabel Soares Pagani de Souza, irmã caçula de Therezita, trabalhou durante alguns anos na Te-Arte. Mais tarde teve seu próprio espaço, em conjunto com outras sócias: Grão de Chão, recreação pré-escolar no bairro da Água Branca, onde tentava preservar rotinas pedagógicas semelhantes. Hoje, Bel não está mais ligada à educação e passou a atuar principalmente como socióloga.

Sua formação: Ciências Sociais, PUC, turma de 1971. Depois de passar boa parte da vida em colégios internos, pois sua mãe morrera dois anos depois de seu nascimento, Bel viera para São Paulo junto com a irmã mais velha. Bel descobriu cedo que, se alcançasse independência econômica, poderia decidir sobre seu futuro. No terceiro ano de faculdade, já trabalhava na parte de planejamento de uma indústria, entrevistando operárias. Ministrou aulas de Metodologia Científica na PUC durante quatro anos, no Sedes Sapientiae e no Objetivo. Casou, teve o primeiro filho, dava aulas só à noite para poder cuidar da criança. Também fazia pós-graduação. Acabou desanimando de dar aulas: "Não estava acreditando mais, cursando a pós e vendo o oposto". Nessa época, Therezita estava abrindo a escola nas Perdizes, junto com Ediva, e pediu para Bel entrar na sociedade, a fim de facilitar as coisas juridicamente.

Quando André, filho de Bel, estava com pouco mais de 1 ano, Therezita convidou a irmã para trabalhar na escola. Mas primeiro era preciso a aceitação da equipe de professores. Tratava-se de um procedimento bem ao estilo de Therezita, e sua irmã foi para uma reunião onde estavam, entre outros, Ediva, Neide, Magno, Eunice, Dona Etelvina. "Fui saber se eu podia ou não, todos estavam naquela salinha do piano, houve um certo constrangimento, até que alguém lembrou que eu, sendo sócia, era ridículo consultar o grupo."

Bel também chegou a cuidar da contabilidade quando um contador, com problemas familiares, sumiu por uns dias com toda a papelada da escola. Alegre, extrovertida, Bel conta que ficaram todos, principalmente ela, atrás do "homem do saco" – ele levara os papéis num saco. Bel confessa que freqüentemente brincava e ironizava durante as sessões do grupo operativo do doutor Nelson Pocci; até inventou uma expressão que pegou na escola: "Essa, a empregada do Freud já sabe".

Therezita resolveu procurar um outro tipo de suporte psicopedagógico e obrigou todo mundo a fazer um curso de psicodrama no Sedes Sapientiae, com a argentina Alicia Romaña, uma das pioneiras nesse campo. Além do curso, ela passou a realizar psicodrama com a equipe, num outro dia. "Foi ótimo, pensamos muito sobre a nossa forma de atuação. Principalmente o que saiu: a escola devia lidar com a parte sadia, e os psiquiatras ou outros profissionais especializados lidariam com a parte doente. Foi um passo enorme, eu concordava que se deve procurar a parte sadia, não ficar vendo só o problema, ver a parte gostosa...", afirma Bel.

Bel e Therezita têm personalidade forte. Diferenças de opinião fizeram que a irmã mais nova percebesse que estava chegando a hora de sair. Ediva também já tomara sua decisão e lhe disse: "Se você sair, eu aproveito e saio de vez". A saída das duas foi discutida no psicodrama. Bel quis desligar-se "a rigor". Therezita ia fazer 50 anos – era 1981 – e foi preparada uma grande festa para ela, com bufê e tudo o mais. Bel tinha o segundo filho, Rodrigo, ainda na escola: "Mas saí de vez. Sabia que era um prejuízo, porém, era melhor que ele não ficasse. Saí sem brigar; a solução era cada uma em seu território".

Uma rotina que dá mão-de-obra

Bel acredita que Therezita realiza um trabalho pioneiro em sua lida com as crianças: "Sua parte profissional é indiscutível, ela é muito criativa e uma senhora autodidata. Só que com os pais, quando entra no pessoal, julgo que extrapola um pouco". Na saída de Bel e Ediva, a marroquina Collete funcionou como um elemento de equilíbrio: "Seu trabalho foi muito importante, ela ajudou Therezita a ter condições de continuar. Therezita se recompôs, comprou terreno, construiu uma nova escola, Collete acompanhou-a até o Butantã, onde ficou um pouco até se mudar para Israel".

Para Bel, misturar as crianças, não as dividindo em classes, é um ponto extremamente válido, assim como juntar crianças com problemas aparentes as ditas "normais". Quanto ao fato de **todo mundo ser responsável por todo mundo**, sem distinção de tarefas, avalia: "Dá muito mais mão-de-obra, é preciso estar atento, é preciso se dispor a atividades às vezes desagradáveis, como trocar fraldas. E deixar que as mães estagiem: é mais fácil fechar o portão e deixar os pais lá fora, do que trabalhar com três ou quatro mães olhando".

A criança precisa brincar, continua Bel. "Brincar mesmo, não é idade de ter aula, de ensinar mil coisinhas. Se as mães pudessem ficar com seus filhos em casa, a escola não era tão necessária. Antigamente, a avó ou uma vizinha tinham todo o tempo do mundo para atender à criança, ouvir suas perguntas, deixá-la participar de atividades 'adultas' como cozinha: a brincadeira era mais possível. Acho que no interior as crianças jamais precisariam de escola. No interior, escolinha é *status*: lá estão o filho do médico, a filha da dentista, do dono da farmácia... quando essas crianças teriam muito mais meios de se desenvolver fora da escola."

As escolas realizam suas atividades já visando a um objetivo específico: motricidade, senso estético, sociabilidade etc.,

De volta ao quintal mágico • 205

e o processo, avalia Bel, perde bastante com isso. "A Therezita jogava um monte de milho no chão, as crianças iam catando, um tentava contar, outro olhava a cor, outro pisava e sentia a planta do pé doendo, enfim, apreendiam demais, em todos os sentidos. Quer coisa mais fascinante do que ver assar um peixe numa fogueira, ou fazer um churrasco, com crianças de 2 e 3 anos ajudando e observando tudo?"

No entanto, a socióloga que foi educadora infantil tem algumas dúvidas quanto à utilização de todas essas posturas para qualquer criança de 0 a 7 anos. "No fundo, talvez seja uma proposta para crianças de grandes centros urbanos e crianças de classe média para cima. Existem alguns laivos comunitários, tanto na organização das atividades, quanto na inclusão de uma ou outra criança de classe baixa, mas acho a proposta classista", critica Bel. "Por exemplo, trabalhei na creche da secretaria do Interior, e misturar as idades, deixar comer com a mão não são atitudes bem vistas pelas mães. As mães de classe baixa têm como modelo a classe média, às vezes a classe média alta, e querem que o filho aprenda a comer direito, que adquira modos, que tenha um aprendizado um pouco mais formal, tipo sala de aula. Além disso, quando a criança vai das 8 às 5 horas da tarde, principalmente os mais velhos, de 6 anos, se cansam de brincar, sentem necessidade de uma aula sistematizada. Depois, não há quem agüente trabalhar oito horas por dia nesse ritmo, com várias idades ao mesmo tempo, olhos para todos os lados... O esquema de trabalho da Te-Arte só funciona para meio período".

De tudo fica um pouco. Bel admira muito o trabalho da irmã e se espanta: "Onde ela consegue tanta energia? Criança cansa, com criança você não troca. Não se pode deixar a peteca cair. Não dá para não vir disposta. Tem de vir disposta, tem de estar inteira. Se a Therezita sentia que a gente não estava bem, não deixava trabalhar com as crianças". Apesar de achar que Therezita tem uma concepção meio "geral" de criança e alimentar um certo mito de "infância feliz", Bel está mais do que convencida da importância do brincar. A irmã caçula é uma espécie de anjo da guarda da irmã mais velha. Apesar de não ter mais trabalhado na Te-Arte, às vezes Bel deu suporte às atividades pedagógicas, participando do dia-a-dia da escola, principalmente quando Therezita passou por problemas de saúde.

~~

Como outras mães que acabaram trabalhando na Te-Arte, **Ediva Maria Lavezzo Barbosa** também procurava escola para o filho mais velho, Denis, com 2 anos na época. Ediva, normalista, mulher de médico, já dera aulas por vários anos. Só que acabou sendo, além de professora na Te-Arte, sócia de Therezita por seis anos. Ediva foi procurar a escolinha da Fanny Abramovich, que funcionava duas vezes por semana, mas queria mesmo uma escola para trabalhar todos os dias. Fanny indicou-lhe Therezita, ainda na Pró-Arte. Ediva e o marido, Carlos, gostaram, e Denis ficou por dois anos lá. No começo de 1975, voltando das férias, ao levarem o garoto à Pró-Arte, notaram a derrubada do muro lateral da casa, a fim de possibilitar a construção de um prédio no terreno vizinho. Era um perigo para as crianças, com as quais Therezita trabalhava no pátio.

Na volta, Carlos perguntava: "Por que a Therezita se sujeita a uma situação dessas? Ela tem um trabalho tão bonito, com um potencial tão grande!" Ediva resolveu então falar com a educadora e propor sua saída de lá e a abertura de um negócio em conjunto. Ediva morava na Rua Cardoso de Almeida, nas Perdizes, e no dia seguinte, ao passear com a filha nenê, encontrou uma casa que lhe pareceu simpática (sem saber, o marido descobrira a mesma casa, antiga, dos anos 1930 ou 1940). Pulou o portão, desceu alguns degraus da escada lateral – horrorosa –, viu um matagal que mal dava para atravessar. Mas percebeu o tamanho do quintal e entusiasmou-se. O aluguel era bastante barato, e com telefone. O processo de locação foi um tanto complicado, porém, finalmente conseguiram, arrumaram a casa, pintaram, fizeram o tanque de areia e uma nova escada externa.

No princípio, Ediva cuidava somente da parte administrativa (detinha 20% da escola e Therezita, 80%) e algumas vezes das crianças: "Começamos com a cara e a coragem. Therezita tinha trinta crianças, e vieram algumas pessoas para a equipe". Ediva passou então a ficar com as crianças – todos os dias, inicialmente, que se reduziram a duas ou três vezes por semana. Mais tarde, Bel, a irmã caçula de Therezita, também entrou na sociedade, dividindo-se os 20% de Ediva em duas cotas. Ediva e Bel deram-se muito bem e formaram uma espécie de "frente" contra certas questões em que não concordavam com a sócia majoritária.

A sociedade ia caminhando, ocorriam alguns problemas, e a situação prolongou-se até 1981, quando Bel e Ediva decidiram sair. Apesar de reconhecer o grande valor do trabalho da Therezita, Ediva acredita que realmente não era possível continuar com a sociedade: "Havia uma grande tensão, a relação estava muito estressante. Therezita solicita muito dos adultos da escola. Exigente, de temperamento não muito fácil, ela costuma ver tudo na base da interpretação psicanalítica, o que dificulta as coisas".

Todavia, em relação ao trabalho pedagógico, acentua Ediva: "**Foi diferente, foi bonito**, foi gostoso. Também é um trabalho duro, custoso. Eu sempre gostei do seu estilo, eu endosso suas práticas com as crianças. Tanto eu acredito que fui fazer outra escola, em que tentei manter a mesma filosofia, com algumas pequenas diferenças". Para ela, juntar crianças normais com deficientes é muito trabalhoso, muito angustiante, mas os resultados são muito bons: "É incrível para a gente que aprende com a criança, com as outras crianças que têm uma visão sem preconceito e às vezes arranjam soluções e atitudes muito melhores do que a gente imaginou".

Dos seis anos em que esteve com a Therezita, Ediva guarda experiências marcantes, principalmente das crianças com problemas – cegas, paraplégicas, com Síndrome de Down – e seu progresso visível aos olhos de qualquer um; guarda boas amizades – Bel, de quem ficou sócia na Grão de Chão, a própria Therezita –; lembranças de companheiros como Magno, ligado a teatro, e Tião, músico. Para fazer um trabalho assim, acha que é preciso muita coesão entre a equipe: "O que Therezita nem sempre consegue, seja pela dificuldade dos outros conviverem com sua personalidade absorvente, seja também pela rotatividade dos professores, pois os salários não oferecem uma perspectiva muito compensadora. A média de um adulto para dez crianças torna a escola cara, e não há jeito de trabalhar dentro dessa pedagogia a não ser assim. E não dá para manter grandes salários".

Daí também a dificuldade de se manter uma figura masculina na equipe. "É um círculo vicioso, o professor de criança pequena não é muito valorizado, e, com isso, poucos homens se interessam em trabalhar, pois geralmente os salários são pouco atrativos." Ediva acredita ser muito importante a convivência e o trabalho com profissionais de diferentes formações: "Na Te-Arte, não era importante o currículo (embora tivesse havido um período em que se ganhava conforme a especialidade e a experiência, ocorrendo depois uma uniformização salarial); chegava um profissional com um currículo enorme e, na hora de lidar com as crianças, não conseguia nada. O que é importante é aquilo que você é, o que você passa. A mistura de vários profissionais proporcionava muita troca. A simplicidade de uma Etelvina. Ela sacava cada coisa, Etelvina era fabulosa".

Dona Etelvina: faxineira, figureira, professora

Etelvina é mineira de Montes Claros. Trabalhava no campo. Veio para São Paulo casada, em 1952; tinha uma menina de 1 ano. O primeiro destino: catar café em Lucélia. Deu à luz mais três filhos, o mais novo em 1958 – uma menina morreu. Em São Paulo, trabalhou nove meses como empregada doméstica. Em seguida, ficou sete anos num matadouro de frango. "De frango sei mexer tudo." Aí, chegou à Te-Arte: "Não fiquei nem um mês parada. Tinha saído do serviço. Conhecia uma japonesa que tinha filho aqui, ela me chamou, me trouxe

A inesquecível dona Etelvina das figuras de barro.

De volta ao quintal mágico • 211

aqui, já fiquei trabalhando. Fazia faxina, às vezes a Tê me chamava para ficar no portão, de manhã e na saída. Quando ela ficou doente, me mandou para baixo. Desci, comecei a trabalhar com as crianças, trabalho de barro. Tem dia que ela não deixa eu limpar nada, diz: não pega nem a vassoura, aí já vou direto trabalhar com as crianças".

Etelvina começou na Te-Arte em junho de 1975; Therezita viera para essa casa das Perdizes em fevereiro do mesmo ano. "Já tinha bastante criança, eram umas cinqüenta. Essas crianças são tudo pegado em mim. Tiago é muito pegado, o Lucas também, ficava atrás de mim quando eu varria, esse moreninho, o Gustavo, perguntavam se era meu filho. A Paulinha agora desgrudou de mim; eu que ensinei a Ilana a andar. Essas crianças, eu ensinei a fazer xixi, cocô..."

Ela limpa a casa, o quintal, às vezes cuida da horta, dá comida para os bichos. Chega a trazer comida de casa para os animais, ou até tira da marmita para dar ao cachorro. As crianças vêem nela a pessoa simples, mais fácil de se chegar. Muitas só se adaptaram à escola ou começaram a ir com os outros professores depois de passarem um bom tempo na barra da saia da Etelvina – ou em seu colo. Ela foi a ponte, a passagem.

Lenço na cabeça quase sempre, olhinhos vivos, foi uma figura marcante para as gerações que passaram pelas Perdizes. Seu sorriso transmitia confiança. Tinha muito amor pelas crianças. E se realizava nas figuras de argila: "O que faço mais é barro [ela faz bichos e objetos lindos]. Mas também fico no tanque de areia, faço música com tambor. Alegria a gente sempre tem, gosto de ver as crianças contentes. Grande alegria foi uma vez em que meu aniversário foi festejado aqui, eu ganhei tanto presente. No fim do ano, também. Todo mundo é muito bom pra mim, aqui".

Mora em Franco da Rocha, município da Grande São Paulo. "Quando o trem está bom, estou em 40 minutos na estação Barra Funda. Às vezes venho a pé de lá, para não gastar o ônibus. Fui atropelada em 1975, vindo para cá, em setembro. Eu pegava ônibus na Lapa, estava chovendo, eu sem guarda-chuva, fui correr... Me levaram na delegacia, vim para cá, só fui no hospital no outro dia. Trincou a bacia, até hoje tenho calombo. Era uma japonesa, fiquei meio zonza, perdi minha marmita, mas depois ela me deu outra."

Etelvina, paciente, alegre, carinhosa e jeitosa com as crianças, adorando bichos, fazendo maravilhas com o barro, não é só a mulher que limpa a escola. Sabe ler apenas um pouco; mas é uma peça importante no processo pedagógico da Te-Arte. Poucas pessoas teriam sabido desempenhar seu papel. Quando a escola foi para o Butantã, Etelvina continuou lá, apesar da distância, até meados de 1986, quando deixou o trabalho para cuidar do marido, que começou a enfrentar problemas de saúde. Durante vários anos, ligava para Therezita ou ia visitá-la, principalmente no dia do aniversário da amiga capixaba.

Muitos ex-alunos, hoje beirando os 30 anos, quando perguntados sobre a Te-Arte, lembram de Etelvina como uma das professoras mais queridas.

Geny e Magno: o emocional da infância

Pedagoga, mãe de três filhos de 8 a 11 anos, casada com um professor de física, **Geny Mulatti** sempre trabalhou em orientação pedagógica e educacional. Nissei, criada na região de Ribeirão Preto, morou em fazenda até os 20 anos; tem, portanto, bastante vinculação com a terra. Foi fazer parte da equipe da Te-Arte em 1980, como uma opção de trabalho que, sem sair do campo da educação, lhe permitia conciliar o horário com o cuidar dos filhos pequenos. Nessa época, trabalhava no Colégio Vera Cruz, o que lhe solicitava muito tempo e cabeça.

Seus filhos já estavam na Te-Arte; os dois maiores, Adriana e Marcos, entraram em 1977. A indicação foi de Stella Mercadante, uma das diretoras do Vera Cruz. Geny já conhecia Therezita profissionalmente, pois realizara um treinamento de arte com ela. Geny achava, como ainda acha, que a maioria das pré-escolinhas são muito pretensiosas: "E não conseguem um quinto do que fazem propaganda. Também são muito limpinhas, muito ajeitadinhas, e não é disso que a criança precisa nessa idade".

Geny só trabalhara com crianças maiores. Ao começar na Te-Arte, sentiu-se "engatinhando". Era muito diferente. Pouco a pouco, foi-se acostumando:

> *Me adaptei bem, não tem jeito, no fundo* **você revive a sua infância**. *É terra, caminhãozinho de lata, brincar de roda, correr, água, marcenaria... Eu nunca tinha mexido em pintura, e lá ia...*
>
> *O grande valor da Therezita é se apoiar numa fundamentação muito boa, um enorme conhecimento da faixa de idade de 0 a 7 anos. Quando você trabalha com adolescente, muita coisa já está determinada, como, por exemplo, droga. Tem de trabalhar muito antes, como a Tê, numa linha mais profiláti-*

ca, de trabalho profilático em termos de saúde mental e física, que engloba motricidade, alimentação, mastigação, limites, o lidar com o próprio corpo. Poucas pessoas têm consistência para trabalhar assim. Há escolas com aparência de modernas, oferecerem serviço de psicólogo etc., mas conhecer em profundidade com o que você está mexendo, são muito poucas.

Toda semana a gente discutia as maneiras de lidar com as crianças, a Tê também chamava especialistas de fora pra conversar conosco, acho isso muito importante, quase ninguém faz isso. Líamos muito, o que ia dando mais fundamentação para observar e aprender a lidar. A equipe é fundamental. Era bem variada, tinha moçadinha, mas o tom quem dava era o pessoal mais velho. Há um preconceito cultural de que professoras mocinhas têm mais jeito com criança, quanto menos idade, melhor, elas estão mais próximas dos alunos. Pois é justo o contrário, o adulto precisa ter experiência, a criança está numa fase de molde, de formação da personalidade, necessita figuras definidas. As mulheres que já são mães lidam melhor com as crianças.

Só pessoas experientes, sérias, com muita intuição, conseguem lidar com tantas crianças, incluindo deficientes. A não seriação (em classes) traz grandes vantagens, mas tem que ter fundamentação muito boa do desenvolvimento infantil, saber o que cada idade faz tanto intelectual quanto fisicamente. Ao ficarmos três, quatro anos com uma criança, todos da equipe conheciam suas características. Essa convivência geral trazia um conhecimento muito grande de cada uma. A gente sabia quais eram as crianças "de risco", e havia todo um treinamento de observação sobre o que faziam. Emocionalmente, é uma carga muito grande para o adulto; porém, a possibilidade de interação aumenta demais.

A criança escolhe dentre os adultos quem ela prefere – não precisa ser obrigada a se acostumar com "aquele" professor. Nessa faixa de idade é o mais adequado; não adianta dizer o que ela vai fazer e quanto tempo vai ficar fazendo, é muito complicado. A criança estabelece uma ligação emocional muito forte: ela "gruda" com quem ela se identifica mais, naquele momento que está vivendo. A Tê dava muita liberdade para as crianças escolherem com quem ficar; ela não é possessiva. Algumas ficavam atrás de alguém que nem os pintinhos e a galinha. As menorzinhas "grudavam" em determinado adulto e, enquanto esse adulto não chegasse, elas não ficavam bem. Depois cresciam, iam fazendo a passagem, mudando de "fixação". Etelvina, por exemplo, era um mel; muitos só se adaptavam depois de dois ou três meses em volta dela. Ela trabalhava maravilhosamente no barro, cantava... Na hora em que estava sem serviço, vinha trabalhar com as crianças, ou então, quando faltava um professor, a Tê pedia para ela ajudar.

***A Therezita sabe lidar com a fantasia da criança**, sabe trabalhar tremendamente com isso. E com todas as fantasias, não só as que são agradáveis de ouvir. O trabalho com artes – o barro, o desenho, as historinhas – possibilita que se tenha um diagnóstico muito bom da criança. O lado emocional, a parte neurológica, tudo aparece. E quanto mais precoce o diagnóstico, melhor. Se podemos detectar antes, por que esperar para estourar na alfabetização, por exemplo? No entanto, é difícil acompanhar o pique da Tê, ela enxerga coisas que a gente não vê, que depois são confirmadas.*

Eu estou falando de uma escola do passado — afinal saí em 1982 —; a Tê já deve estar em outra, ela parte da psicanálise já introjetada e vai em frente, já deve estar com outras coisas na cabeça. É difícil acompanhá-la. O que mais me impressionou foi a forma como trabalha com crianças deficientes. Ela consegue transmitir-lhes vitalidade. Tinha um garoto com senilidade precoce, com um diagnóstico nada favorável; ele melhorou tanto que está em classe especial de escola pública e vai indo bem. E também ver que as crianças não têm preconceito, não discriminam o outro que é doente. Mas você precisa estar bem para agüentar a barra.

Essa "recreação" é trabalho para a criança. Não é a continuação do lar ou da família — embora às vezes o espaço dê para vivenciar os recantos da casa, o calor humano de certas pessoas que existiam principalmente no interior. O que a criança faz é trabalho e a gente sempre fala em trabalho com eles.

Meus filhos brincaram, ou melhor, "trabalharam" muito na Te-Arte. Tiveram boa orientação, o desenvolvimento físico e motor foi visto, eles se adaptaram bem no Vera Cruz, não tiveram problema nenhum de alfabetização, foram muito responsáveis na escola. O menor, André, é o que melhor se alimenta, graças ao aprendizado na Te-Arte: ele tem a consciência exata do que seu corpo está pedindo.

Quanto à alfabetização, Geny também concorda com Therezita que só deve haver formalização depois dos 7 anos, embora ache que cada criança tem seu ritmo e que algumas estão prontas mais cedo. Depois da Te-Arte, ela voltou a trabalhar com crianças maiores e com supletivo.

De volta ao quintal mágico • 217

~~

Magno Clodoveo Bucci era estudante de Pedagogia na PUC-SP e já fora dono de uma pré-escola no Brooklin, tudo arrumadinho: canteirinho de areia, escorregadorzinho novo, linha montessoriana no chão, mesinhas de fórmica... Recebeu um convite para trabalhar na Te-Arte, e foi. Pensava que a entrada fosse solene, com a colocação de objetivos, o planejamento, bem dentro das teorias que se ensinava na faculdade. Mas não. Therezita só perguntou se ele era o Magno, apresentou-se e falou pra ele ir entrando. "Eu, com todo aquele ranço acadêmico, pensando numa atividade pedagógica esquematizada, me vi no meio de quarenta ou cinqüenta crianças e fiquei perdido. Elas sujas, rotas, brincando na areia, mexendo com água, jogando futebol, eu falei: minha Nossa Senhora, o que vou fazer aqui?"

Magno estava ligado a teatro amador desde 1962, e queria desenvolver técnicas teatrais na educação. Pensou que faria teatro numa sala, com bonecos, fantasias. Então precisou entrar no quintal e fazer de tudo um pouco. "Fui formando uma idéia de educação mais pungente, mais ativa, do que tirar a criança de um tanque de areia, por exemplo, e levá-la naquela hora, naquele dia, para fazer teatro numa determinada sala. Percebi a necessidade de entender a importância de a criança ter contato com terra, com argila, com água e que isso seria então canalizado para o meu trabalho. O meu trabalho de teatro tinha de ser pinçado através de tudo isso."

Com Therezita, Magno começou a entender a importância do trabalho com a pré-escola e o caráter fundamental do elemento masculino na prática pedagógica: "Às vezes, eu era pára-raio das tensões da criança no seu relacionamento com o pai. Tinha de exercer essa função, que, no fundo, era um trabalho dramático, lidar com sensações e emoções. Aprendi também a lidar mais duramente, com mais firmeza, em relação à criança. No começo, eu via como a Therezita às vezes parecia pegar com muita força o braço de um dos garotos, mas depois eu percebi quanto ela sabia o que estava fazendo, como tinha uma visão do todo e do específico".

Não teorizar para depois concretizar, eis o que Magno observou na Te-Arte: "A Therezita não teoriza primeiro e concretiza depois. Sutilmente, ela dava uma reorganizada em determinada brincadeira em que nós, por exemplo, estávamos tateando. A coisa fluía; foi toda uma aprendizagem num campo relaxado, fluindo. E contando faculdade, tudo, a minha experiência com a Tê foi singular, que me marcou para o resto da vida. Eu me descobri tendo muito mais facilidade para lidar com criança do que com adulto. Vi que trabalhar com essa faixa de idade é trabalhar com o sensível, o emocional, os sentimentos – e a faculdade não me alertara para isso".

A lembrança mais viva que Magno guarda de Therezita está relacionada a sentimentos muito fortes. "Durante um ano inteiro, tivemos criação de pato, galinha, e as crianças ajudavam a cuidar. No final do ano, os patos e galinhas foram mortos, e houve toda uma sensibilização de penas, sangue, pele, e a idéia de que os animais estavam sendo transformados em alimento. As crianças viram tudo, da morte à preparação dos pratos. Havia-se trabalhado a morte de maneira natural e com um sentido – a alimentação. O que me impressiona é o jeito como foi conduzido. No entanto, quando conto isso, as pessoas ficam chocadas. A gente se choca porque é algo que não está trabalhado dentro

De volta ao quintal mágico • 219

de nós. Eu vi que a morte também não estava trabalhada dentro de mim, nem o sexo, nem a separação. A Therezita conduzia de uma forma sem impacto, sem sensacionalismo. Para mim, essa imagem ficou presente como síntese do seu trabalho."

Mais tarde, Magno utilizou esses temas em seus textos de teatro infantil (ele é autor premiado de peças infantis, como *Vamos brincar?*, Prêmio Governador do Estado 1976, e *Cada um conta como quer*, Menção Honrosa do mesmo prêmio, 1978). Magno ficou na Te-Arte de 1975 a 1977 e sentiu muito ter saído. Financeiramente, precisava de um suporte maior e foi trabalhar no ensino fundamental em escolas particulares e dar aulas em faculdade.

Ele lembra que saíam trabalhos de teatro incríveis das coisas mais banais, a partir de estímulos dados pelas próprias crianças: "Um dia, estávamos fazendo teatro de sombras com formas geométricas, e um menino perguntou se o quadrado não ia ter filhos, se não tinha um triângulo maior, que seria o pai, e os pequenos, os filhos; tive de dar um jeito e recortar papel para fazer nascer os filhos... Nunca imaginei que saísse aquilo de simples formas geométricas. Sabe, o trabalho de Therezita é inqualificável. Você precisa sentir. Para mim, entrou na corrente sangüínea, não dá para definir. Tudo o que a gente teorizava ficava aquém do que a gente sentia ali, concretamente".

Eunice e Salgado: a pedagogia do lanche e o administrador

Neide, irmã de **Eunice Costa Moreira**, falava muito em Therezita. Neide é educadora, conheceu Therezita quando morava em Ilha Solteira e trabalhava na escolinha maternal de lá, para onde fora junto com o marido engenheiro construir a barragem. Therezita fora à Ilha Solteira dar uma orientação pedagógica. De volta a São Paulo, Neide procurou Therezita a fim de matricular os dois filhos em sua escola. Os meninos começaram a freqüentar a Te-Arte, e Eunice lembra que o cunhado às vezes ia aos sábados na escola trabalhar na marcenaria. Eunice achava a linha da Therezita maravilhosa e lamentava que seus filhos, um casal, já tivessem passado da idade de poder freqüentar a escola. Casada com o dono de uma editora e uma construtora, Eunice não trabalhava fora de casa.

Neide começou a trabalhar na Te-Arte, e, um dia, ela e Therezita convidaram Eunice para assistir a uma conferência do doutor Miller, psiquiatra, sobre adolescentes. Finalmente, Eunice conhecia a educadora de quem sua irmã tanto lhe falava.

Em março de 1976, Eunice já estava trabalhando na Te-Arte, cuidando da adaptação de crianças novas com a escola e lidando também com crianças difíceis.

"Foi uma fase muito marcante da minha vida, quanto eu cresci...", recorda. Temia por sua falta de formação na área (estudara apenas até o ginásio), mas Therezita não hesitou: **"A Therezita te joga e você fica ali pior que uma criança perdida**. Pensei que era só comigo, até que eu vi psicóloga, orientadora, todo mundo que entrava sentia o mesmo. A Tê queria que a gente mesmo descobrisse o que tinha de fazer com a criança. Depois, aquele jeito dinâmico da Therezita, indicava cursos, livros... Fiz psicodrama com a Alicia Romaña, um curso de música com a argentina Vida, lia tudo que era livro que a Tê sugeria".

De volta ao quintal mágico • 221

As crianças aprendem a apreciar as frutas e a partilhar o lanche.

Uma bela pêra pode ser um objeto de desejo.

Eunice permaneceu na Te-Arte até 1982, quando precisou se afastar para assumir compromissos familiares. Em 1981, redigiu um texto sobre o lanche:

Atividade-lanche
Horário – Desde a hora em que as crianças chegam na escola até as 10 horas.

É uma atividade muito rica para desenvolvermos quase todos os objetivos da escola. É uma situação para observarmos melhor as crianças, pois por esta atividade passam todas as crianças, todos os dias.

Observamos: como bebem o suco, se abrem muito a boca, como trabalham a língua, se cai líquido da boca. Se mastigam um pedaço de pão e mandam um gole de líquido em cima. São crianças que terão possivelmente problemas de intestino ou serão crianças obesas.

A motricidade: como colocam suco no copo, como tentam abrir sua lancheira etc.

Formação de conceitos
Nesta atividade, temos muitas oportunidades para desenvolver os conjuntos numéricos. Exemplo: conjunto de tampas, garrafas, frutas, bolachas, lancheiras etc.

Ao dividir uma maçã, contamos com a criança o número de partes, de bolo ou qualquer outro alimento.

A criança conhece os nomes dos números, mas não sabe o que são números. Antes de entender o significado do número cinco, ou qualquer outro número, a criança manipula conjunto de coisas com cinco elementos. Ela precisa aprender que diferentes conjuntos de cinco coisas têm um fato em comum: a quantidade é sempre cinco.

Adquire o vocabulário: maior, menor, igual, menor que, maior que etc.

Desenvolvimento socioeconômico

Nesta atividade do lanche, temos grande oportunidade de desenvolver a capacidade de escolha e decisão da criança e fazê-la reconhecer e aceitar limites. Fazer amigos. Respeitamos a personalidade, mas sempre ajudando a melhorar quando se percebe um temperamento egoísta. Trocando o lanche, colocando o suco que não quer mais na jarra. O saber esperar.

Orientação no espaço

Também na mesa do lanche fica fácil para a criança adquirir o vocabulário: em cima, embaixo, na frente, atrás, dentro, fora, aqui, ali, lá etc. Como acomodar mais um amigo na mesa.

Desenvolvimento sensorial

Percepção visual: cores, textura, forma. A cor dos sucos, das frutas, legumes etc. A textura da casca do abacaxi, diferente da casca da melancia, da beterraba, da mandioca etc.

Percepção gustativa: doce, salgado, azedo, amargo.

Temperatura: quente, frio, gelado.

Fazer comer de olhos fechados e adivinhar se é líquido, mole, firme, sólido.

Percepção olfativa: sentir o cheiro de determinado alimento ou suco.

Linguagem: a alimentação é muito importante para a linguagem. Nesta atividade tem-se muita oportunidade para conversar. E através da conversa vai-se ampliando o vocabulário para os maiores e para os menores, não só ampliando o vocabulário, que é restrito, como fazendo a modelagem das frases. Aumentando assim qualitativa e quantitativamente a linguagem.

Procuramos fazer que eles mastiguem bem os alimentos, sentindo o paladar do que estão comendo. Aconselhamos o pão francês no lugar do pão de forma. Damos preferência à maçã, à cenoura do que a um danone. Esses alimentos obrigam a criança a treinar os lábios e língua, os músculos da face e a movimentação da mandíbula, facilitando, assim, a pronunciar melhor os fonemas, desenvolvendo a linguagem e mais tarde a alfabetização.

Essa atividade, como todas as outras da escola, é adequada a cada faixa etária, mantendo sempre as características lúdicas.

~~~

Ele fez uma carretilha, presa num cabo de aço: as crianças seguravam e saíam deslizando com os pés no ar. Algumas vezes, até a "pinhata" de aniversário descia pelo cabo enquanto era golpeada para arrebentar. Ele colocou duas cordas grossas suspensas: na de baixo, as crianças tentavam andar, equilibrando-se; e na de cima, seguravam como num corrimão. Construiu uma memorável rampa de madeira encostada no trepa-trepa, motivo de incontáveis brincadeiras. **José Antonio Salgado Filho,** natu-

De volta ao quintal mágico • 225

ral de São José do Rio Preto, educado em São Paulo, administrador de empresas, foi trabalhar depois na área de custos e dar aula em faculdade. Dono de uma grande habilidade manual, sua passagem pela Te-Arte deixou muita saudade.

Salgado tem oito anos de diferença da última irmã; por isso conviveu sempre num meio adulto. Atribui sua inventividade ao grande contato que manteve com borracheiros, mecânicos, pedreiros, desde menino. Seus pais facilitaram essa convivência e José Antonio conhecia todas as oficinas do bairro, nas quais passava um bom tempo durante a semana. "Conversava, fuçava em tudo, aprendia uma porção de coisas. Adquiri cedo um vocabulário adulto." Aos 14 anos, coordenava uma comunidade de jovens da Igreja Católica. Mais tarde, trabalhou na Osem (Orientação Sócio-Educativa do Menor), um organismo ligado à igreja da PUC, que atendia meninos de 7 a 14 anos. Salgado dava aulas de matemática, português, datilografia, marcenaria etc. **Era o único professor homem, mas mesmo assim também trabalhava com bordados, tricô, crochê**: "Os meninos das classes mais pobres têm preconceitos de um lado, e de outro, não têm, pois, além do trabalho pesado, costumam ajudar a mãe a lavar louça, a passar roupa... Então eles aceitam muito mais bordar ou costurar". Salgado fizera colegial técnico de eletrônica e chegou a começar o curso de Psicologia. Desistiu e mudou para Administração de Empresas. Ao surgir um estágio na Rede Ferroviária Federal, precisou deixar o trabalho em tempo integral na Osem. Aí conheceu Therezita.

} *Therezita já foi me dizendo para eu ir lá e trabalhar com as crianças. Eu disse: me explica, me explica como funciona, preciso saber o que eu faço. Ela não explicou nada. No começo, eu montei umas barracas para a festa junina, e depois, no segundo semestre, é que foi para valer. Não havia as barracas para me envolver; tinha de lidar diretamente com as crianças. Preparei algumas atividades, mas tudo o que eu trazia não dava certo, as crianças queriam outra coisa. Pensei que elas precisassem de atividade física, e como eu era o único homem da equipe, chamei-as para jogar futebol. Ninguém vinha, ou logo se desinteressavam. Aí comecei a fazer uma barragem; bastou mexer na água, pôr pedras, para atrair a atenção. E uma verdadeira hidrelétrica com rios, represas, canos, escavações se tornou um trabalho de várias semanas. Mais tarde, analisando, eu vi que estava com muita necessidade de lidar com água, por causa de certos problemas pessoais; as crianças devem ter percebido isso e intuitivamente me levaram a fazer o que eu precisava.*

Mexia com marcenaria; aí houve a fase dos aviões. Meninos e meninas construíam aviõezinhos de madeira, e saíam os modelos mais incríveis. Teve um garoto que foi levando os que ia fazendo, até ficar com uma coleção enorme pendurada no quarto dele – a mãe me deu uma fotografia desse conjunto. Com pedaços de madeira bem toscos, algumas vezes pintados, o resultado era muito bonito. Já andando nas cordas paralelas, as crianças pareciam equilibristas de circo. Pus a corda mais fraca embaixo, porque se arrebentasse, a criança, segurando na de cima, não cairia de boca no chão, ficava apenas suspensa no ar. **Sempre testava bastante meus engenhos**, *antes de as crianças usarem. Assim foi com a carretilha, presa num cabo de aço a quase dois metros do chão.*

A rampa do trepa-trepa era o chão de uma casinha de madeira, que estava estragando e ficando perigosa. Desmontei a casa, fizemos uma fogueira com as paredes. Resolvi deixar a tábua do assoalho, que estava boa. Encostei-a no muro, um dos meninos tentou escorregar nela, que ficara meio inclinada. Vi que a tábua podia cair, segurei com a mão, mas não ia ficar segurando o resto do tempo. Coloquei-a no trepa-trepa e fomos experimentando os ângulos e testando a dificuldade de subir. No começo, ninguém conseguia escalar a rampa; depois foram conseguindo. Deixei cordas para ajudar na subida. Para os pequenininhos, preguei umas ripinhas de madeira como se fossem degraus, na beirada: eles podiam subir sem atrapalhar os maiores que subiam de pé, no impulso. Desciam escorregando, sentados ou de costas. A rampa proporcionou uma riqueza incrível de exercícios, cada dia a gente inventava um jeito novo.

Essa rampa foi precursora das modernas paredes de escalada, que nem existiam ainda em São Paulo.

Salgado fazia relatório todos os dias. Tinha dificuldade de lembrar do nome das crianças, perguntava para Colette ou Flávia: "Brinquei com oitenta, como vou lembrar o nome de cada um?" Nas reuniões, recebiam dicas da dona da escola. "Therezita dava uns toques: se a criança sair do grupo, observar aonde ela vai; se veio de outro, donde veio. Importante também é esquecer que é uma criança que está com você, e sim conversar normalmente com ela; ela entende, ou pergunta. Therezita geralmente apontava outros ângulos, que a gente não tinha visto. Mas a escola desenvolve a atenção, a percepção que você fica de observar tudo o que acontece: está com dez crianças e se passar uma baratinha no canto da parede você vê. No fundo, é um trabalho de voltar a ter a sensibilidade que tinha como criança. É uma faixa além da verbalização. Não adianta só observar o que a criança diz. A criança é principalmente tudo o mais além da fala."

Márcia e Flávia: a filósofa e a estudante de Letras

"Na primeira semana em que trabalhei na Te-Arte, chegava em casa, não conseguia almoçar, e desmaiava na cama." Quem conta é **Márcia Alves**, formada em filosofia na PUC e mãe de dois filhos, Hugo e Aline. Márcia representa mais um caso de alguém que começou como mãe e acabou virando professora. Em 1982, foi à escola por indicação de uma astróloga cujas crianças haviam estudado lá e que lhe recomendou: "Vai preparada, porque a Tê é brava". Márcia relata seus primeiros contatos com a Te-Arte: "Fui, e houve um entendimento muito gostoso. Aline estava para nascer, Hugo ficou no curso de férias. Mas só no segundo semestre de 1983 ele passou a freqüentar regularmente. Fiquei fazendo o 'estágio' de mãe durante uns vinte dias, quando a Tê disse: 'Some daqui, você não deixa seu filho crescer'".

Quando estudava filosofia, Márcia se perguntava: e o real, onde fica? Sabia que não queria passar a vida inteira no meio das palavras. "Para ficar próxima da realidade, em princípio você precisa tirar muita coisa da cabeça, esse racional maluco. A gente pode conseguir artisticamente esse recuo, ainda mais se trabalhar com crianças. A língua delas é a sensação, a emoção, precisamos evitar que o racional interfira tanto no processo."

De volta ao quintal mágico • 229

Antes de lidar com crianças, Márcia era produtora de um programa na Rádio Mulher, em São Paulo; depois foi ser bibliotecária no Convento dos Dominicanos; e até foi dona de uma confecção. Escrevia *releases*, revisão, dava aula particular: não queria ser professora de filosofia. "Pela vivência, hoje eu sei que parte da filosofia eu queria. Porém, trabalhando com Therezita, a gente tem a possibilidade de se repensar." Márcia conta um pouco mais sobre sua experiência.

> *No começo, a Te-Arte foi largar o filho num lugar gostoso. Eu e meu marido chegamos a escrever um texto sobre as relações pais/filho/escola, com algumas indagações que começavam a aparecer. Quando a Mônica [uma professora da escola] saiu, em agosto de 1984, a Tê perguntou se eu não queria trabalhar com ela. Era uma proposta irrecusável. Fui. De repente, me vi num grupo cuja pessoa mais nova estava na Te-Arte há cinco anos. Eu me achava inexperiente, sentia falta de orientação. Porém, lá não tem isso de orientação. A Tê dizia: se você está precisando de informação, leia tal livro. Era só. Fazia dezenas de relatórios, quase sempre diários. Percebi que só o tempo, o dia-a-dia, dava o que eu procurava. Mas também li muito; tenho muita necessidade desse embasamento teórico. Era muita vivência para o meu corpo. O corpo muda, fica mais forte, depois de estar trabalhando na Te-Arte há três anos. **Também, a gente sobe morro, desce morro**, planta, corre, pula e fica atenta o tempo todo a tudo que ocorre em volta. Lá, a gente desenvolve uma percepção muito mais apurada e abrangente.*
>
> *É muita vivência corporal. Através dessa vivência do corpo com a criança, como a criança, desarmada, sem pressupostos,*

a não ser os grandes limites, a gente se revê muito, volta um processo de regressão interior, regressão simbólica, todos os seus furos aparecem. Uma vez, eu chamava as crianças para o lanche e um garoto de 5 anos bateu continência dizendo: "Pois não, general". Ele me desmontou. Eu era e ainda luto para não ser autoritária. Eu pensava estar chamando normalmente, mas devia ter algo na entonação da voz, no gesto...

A vivência é muito grande, cada dia é diferente, você vive pelo corpo e de repente faz as ligações. Eu escrevo muito, para me normalizar. A Tê consegue não ter a ansiedade do resultado; espera que o ser humano que está trabalhando com ela apareça, cresça. A pessoa precisa se expor; conforme os problemas, aparecem os furos, os pânicos... Aí sim, a Therezita te acolhe, diz o que estava errado, o que estava certo, dá respaldo teórico. Por exemplo, eu tive de trabalhar com o estabelecimento de minha identidade como mãe e como profissional dentro da escola, até que meus filhos pudessem trabalhar comigo e soubessem que eu tenho um outro espaço que não é o deles.

Quando mudamos das Perdizes para o Butantã, o trabalho precisou se recompor. Foi um novo aprendizado, houve uma série de questionamentos, a noção de limite mudou (agora há uma cerca alta de troncos de madeira, pois o bairro meio periférico não comporta um portão baixinho). Colette ajudou muito nesse período. A tendência da Therezita é ser meio onipotente: ela cuida do guarda, das crianças, do portão, do dinheiro, dos pais, da aula de "letrinha", da comida quando se fornece almoço... Eu às vezes falo: divide isso, Tê, que você não agüenta. Com as crianças, a gente tem muita autonomia de ação. Mas com os pais há uma centralização de poder, a Tê se entende com eles, discute o caso dos filhos, e passa pouca coisa para nós, apenas o que acha necessário. Ela sempre faz a mediação entre os pais e nós. Acredito, no entanto, que é uma característica da personalidade dela.

A proposta de se usar a atividade espontânea da criança, no fundo, é muito trabalhosa, exige um grande auto-aperfeiçoamento, você nunca sabe onde a situação vai chegar. O adulto não está dirigindo, mas está presente, serve como continente da criança, pode ser a fantasia, o pai bravo, a mãe que não dá limite... Dá para perceber que o que está norteando tudo é um fundamento psicanalítico. Também não é só um ativismo; há o momento da reflexão, que às vezes vai fundo.

Tudo é possível de acontecer. Errar também é bom, para que a criança perceba que o adulto não é infalível. Mudei muito nestes anos. Cheguei mais próximo do real. Sempre soube que eu ia mexer com criança. E aí encontrei uma pessoa que acredita nisso, um lugar onde você pode se desenvolver e ao mesmo tempo ser muito sensível, intuitiva.

Márcia saiu há vários anos da Te-Arte. Elaborou em 2000 uma reportagem bastante longa sobre a escola, para um programa da TV Cultura.

Therezita carregou a nenê **Flávia Miragaia** no colo. Dentre os colaboradores da Te-Arte, provavelmente ela seja uma das únicas que a educadora conhece desde pequena. Houve alguns casos de ex-alunos que depois trabalharam na escola, mas eram um pouco maiores quando Therezita os conheceu.

Flávia continuava seus estudos, não pensava em trabalhar com crianças. Quando estava no ensino médio, resolveu trabalhar numa escolinha, mais no espírito de arranjar emprego. "Eu tinha 17 anos. Era aquele esquema de criança sentar, de a gente passar conteúdo, um pátio superminúsculo. Eu não podia ficar muito tempo, pois não era normalista. Mesmo assim, tentava sair um pouco do modelo. Disseram que eu era muito brava, que precisava ser mais palhaça com as crianças. Briguei, saí, entrei em fossa. Minha mãe falou com a Tê, que me sugeriu receber as crianças novas com as respectivas famílias (naquela época, os alunos novos e suas famílias faziam uma adaptação à tarde, para depois passarem ao período da manhã)."

A grande descoberta de Flávia foi perceber que era perfeitamente capaz de lidar com aquele universo. Ao contrário do que lhe haviam dito na outra escolinha, Flávia mediou a passagem de várias crianças da tarde para a manhã. Entrou na faculdade, cursava português, francês e espanhol na USP. Começou a ir uma manhã por semana, aumentando aos poucos, até ir à Te-Arte todos os dias.

"**Trabalhar com criança não é uma coisa que se adquire com vivência universitária**, a gente tem de aprender com o corpo. Aprendi a lidar com o corpo, a Tê me passando as coisas, como segurar uma turma em determinados momentos, como trabalhar esse envolvimento emocional contínuo. Eu era tida como brava, a Tê sabia desses dados, tudo foi caminhando. A criança percebe nossos pontos fracos e nossos pontos fortes, onde transmitimos segurança ou não. Eu ficava muito no campinho, jogava bola, corria, satisfazia a necessidade de movimentação. A Tê chegou a me dizer que sou as pernas de-

De volta ao quintal mágico • 233

la. Agora ela não tem mais a agilidade que tinha. Então, em várias ocasiões, eu levava adiante o trabalho corporal, porque as crianças estavam precisando disso, naquele momento, em vez do trabalho manual de coordenação mais fina. O que não impede que noutra hora eu faça bordados em talagarça, com meninos e meninas bordando juntos."

O revezamento de atividades acontece permanentemente na Te-Arte. Flávia pediu a Aldo, um biólogo que começou a trabalhar lá em 1986, para bordar com a meninada e a resposta foi: "Claro que eu bordo". Como Therezita, Flávia afirma que somos capazes de fazer tudo a partir do momento em que tentamos. Aldo cursou algumas matérias de didática na USP, onde conheceu Flávia, que o trouxe para a Te-Arte. "Aldo mexe com plantas, fez uma esterqueira, para produzir adubo, trabalha com animais, na marcenaria... Ele lida muito bem com a parte primária, terra, natureza. É tranqüilo, é muito diferente de nós, mulheres, que somos todas elétricas. Na escola, procuramos passar essas duas figuras fortes: a mulher capaz de fazer qualquer coisa, o homem capaz de fazer qualquer coisa. O elemento masculino é tremendamente necessário. As crianças precisam conviver com a visão masculina, pois homem enxerga diferente, entende diferente, vê coisas que não vemos e vice-versa."

Principalmente para quem ainda não era casada, Flávia dizia que o trabalho na Te-Arte é um aprendizado de mulher:

> Você já sabe ser mãe, depois de enfrentar a diversidade de pessoas, de idades, de crianças, de situações. Aprendi a ser mulher e a ser mãe, a lidar com o ciúme, com a irritação, a ponto

de dizer: essa criança eu não agüento, não estou conseguindo trabalhar com ela hoje. Aprendi a perceber porque eu não conseguia; não é um campo de psicóloga, porém um campo vivencial. Já muito cedo eu era responsável por crianças, mas fui privilegiada. Por exemplo, quando assumi a parte da manhã, e aí a natação, a Tê sabia que nunca tive medo de água, que ia transmitir uma coisa boa para a criança, e foi isso o que aconteceu.

A Tê é a matriz, tudo converge para ela. Talvez essa centralização seja um defeito, mas ela tem formação vivencial e de livros. Acontece comigo isso: Therezita é sempre o exemplo, ela é quem dá as diretrizes. Às vezes ela sofre, a carga emocional é muito grande, ela vivencia muitas coisas dela conosco, os filhos que não teve. A Tê sofre muito quando entra em férias. Para ela, o sentido é cuidar. De quando em quando, as pessoas abusam. Têm pai e mãe que querem colo, e ela freqüentemente se torna depositária de problemas familiares, emocionais, pessoais. Por causa das aulas de "letrinha", absorve toda a angústia dos pais, de precisarem fazer a passagem para outra escola. Certos dados que os pais trazem, em reuniões particulares com a Tê, só ela tem. Os pais desabafam, ela agüenta a peteca e filtra apenas algumas informações para nós. Isso representa um lado difícil na relação, mas todos têm noção dessa centralização, e no fundo ela sabe mais que os outros. A percepção dela está muito acima da nossa. Por essa razão, também exige muita percepção da gente. A relação entre nós nunca é profissional; é muito emotiva. As relações humanas que se passam lá dentro da Te-Arte parecem as de uma verdadeira colméia.

Me sinto melhor na escola nova, do Butantã. A outra talvez fosse mais aconchegante, em alguns aspectos. Agora, o espaço é mais aberto, mais espalhado, mesmo assim, as coisas se concentraram, de uma certa maneira todo mundo fica integrado. Antes, o lanche era lá em cima, longe do quintal, e dividia as atividades. A casa tinha muitos cômodos, eram um tal de desce escada, sobe escada... Aqui, tudo a gente olha. Desta vez, os espaços não são delimitados fisicamente. Fala-se na casa da árvore, no barco, no canto debaixo do pé de amora, noutro debaixo da torre... O ambiente é muito emocional. E tem a torre, elemento de fábula. Como nas Perdizes, o espaço está em constante mudança, sempre existe uma construção sendo feita ou modificada. A Therezita nos treinou muito: conseguimos enxergar tudo ao redor e nos concentrar no que estamos fazendo com uma criança ou um grupo. É um trabalho de percepção para o resto da vida.

Virve e Colette: a finlandesa e a marroquina

Virve Calabi, finlandesa, pai finlandês, mãe estoniana, veio pequena para o Brasil. Casada com um economista, mãe de duas filhas, Adriana e Cláudia. Entrara para a Escola de Sociologia e Política, tendo concluído o curso ao voltar dos Estados Unidos, onde o marido fez mestrado em economia – três anos em Berkeley, na Califórnia. Voltou, queria uma boa escola para as duas filhas e vinha de uma experiência de escola comunitária muito interessante.

No bairro das Perdizes, onde morava, havia muitas escolinhas, algumas recém-abertas, todas com muito amadoris-

mo. Acabei chegando na Therezita, e comecei a fazer o estágio que toda mãe faz, até que ela perguntou se eu não queria fazer um trabalho com ela. Eu topei. Engraçado, eu conhecia a Therezita de fama, de crianças que tinham estado com ela, diziam que trabalhava com crianças difíceis, de pais separados etc. Eu falei que achava difícil trabalhar com ela porque ouvi dizer que ela era uma pessoa muito autoritária. "Como?", surpreendeu-se a Tê. Eu disse que a gente podia tentar. Eu nunca me liguei muito em educação, mas a partir da Adriana comecei a ver como era importante um espaço para brincar e com pessoas que saibam lidar bem com vários tipos de criança. O espaço: as crianças não podem ficar confinadas numa garagem; tinha creche assim, aqui em São Paulo, e em bairro de classe média.

Na Califórnia, eu também fui participando cada vez mais da escola, que funcionava como uma cooperativa na qual as mães e os pais precisavam dar aulas um certo número de horas por semana. A escola pertencia ao bairro, onde ficava uma parte dos alojamentos da universidade. Chamava-se Albany Pre-School e contava com duas professoras-diretoras, pagas pela comunidade. Os pais pagavam uma quantia pequena e ainda faziam trabalho voluntário. As crianças eram de classe social homogênea, filhas de estudantes da universidade ou moradores da redondeza. Havia um adulto para cada sete crianças. Era um compromisso sério, se não pudesse ir, o pai tinha de arranjar um substituto, e isso não podia acontecer muitas vezes. Dava-se muita importância ao fato de o pai e a mãe trabalharem na escola do filho (mas a maioria era de mães, não de pais). Só funcionava no período do ano escolar.

De volta ao quintal mágico • 237

Tudo isso para criança de 3 e 4 anos. A faixa de idade era restrita e definida. Anteriormente, eu participei de um grupo de seis mães e nos revezávamos, cada uma ficava com as crianças de todas, uma semana na casa de cada uma. Arranjamos uma moça que fazia mestrado em pedagogia, e a contratamos para ajudar a mãe de "plantão". Realizavam um trabalho conjunto, trocavam fralda, desenvolviam atividades – a estudante chegou a produzir velas com as crianças –, era uma babá sofisticada, levava para o parque. As crianças passavam a noite em casa; e o horário, super-respeitado, era das 9 às 13 horas, só enquanto os pais estavam estudando na universidade.

Não fiz nenhum curso específico nos Estados Unidos, fiz apenas alguns cursos que pude compatibilizar com meu horário. Ao mesmo tempo, sentia-me culpada – puxa, estou neste país e preciso aproveitar as oportunidades de estudar –, os amigos queriam que eu terminasse sociologia lá, mas vi que precisaria ficar muito dividida. No começo, também a gente se assustou, o primeiro ano para estrangeiro é muito difícil, depois estudei em cursos alternativos, análise, o que pude para fazer a minha cabeça, e ainda junto com esse trabalho da escola.

Fiz um curso de recreação, de leitura e uso de livros infantis, o papel da biblioteca, como é importante o livro de capa dura, parecido com o do pai, de papel bom, ilustração boa, como isso desenvolve o senso de consideração do livro... Senti uma diferença muito grande nas edições infantis brasileiras, eram feias quando fui, com ilustração tradicional. Depois melhorou muito.

A Albany era numa casa, com quintal, tanque de areia, e várias áreas internas: de ciências, de biblioteca, de jogos, de ca-

sinha de boneca, de blocos, cozinha etc. Fora, balanços e triciclos (esta faixa estava bem na idade de andar em triciclo). Todo dia era feita uma pequena refeição, algo de que as crianças pudessem participar, cortando alimentos, misturando etc. Havia integração internacional, então um pai chinês fazia um prato típico, a gente introduzia banana com aveia e mel, eu trouxe a idéia de abacate batido doce, quando lá só se come salgado, e assim por diante. Cada pai era responsável por uma área e lá ficava todo o período. Antes de começar a trabalhar na escola, os pais eram instruídos sobre as atividades, tudo tinha instruções e precisava ser seguido, afinal, com a rotatividade dos pais, era o único jeito de manter a continuidade do trabalho. Aprendia-se o que a criança de 3 a 4 anos costuma fazer, havia pequenas apostilas ensinando tudo, até como agir em caso de incêndio. Num grande livro, cada pai registrava, ao sair, como tinha sido seu dia.

Os pais trabalhavam até na recuperação da escola, em fins de semana; pegavam em picareta, consertavam o tanque de areia, faziam balanços e outros brinquedos usando troncos.

As crianças ficavam de duas horas e meia a três. Até os 7 anos é assim: pouco tempo. E ainda a diretora notava que às vezes na última meia hora a criança estava cansada, não conseguia fazer as coisas direito. E os pais não podiam atrasar para buscar. Eles são muito severos. O material e as instruções que líamos pareciam óbvios, mas era justamente aquilo de que não temos consciência clara. Por exemplo, crianças de 3 a 4 anos gostam de se esconder e ficar imóveis e não responder quando chamadas; as instruções falavam dessa característica da idade e pediam para ter atenção, em caso de incêndio ou qualquer outra situação, procurar em cada cantinho da casa.

De volta ao quintal mágico • 239

Na universidade, havia outra escola que misturava crianças de várias idades; essa não fazia isso. Procurava-se desenvolver o senso de independência nas mínimas coisas; na entrada, ficava um cabideiro com a fotografia de cada uma, para identificação, e a criança chegava e pendurava capa, agasalho etc.

Se a criança entrava numa sala, o adulto a convidava a trabalhar. Não havia hora delimitada para cada atividade; mas antes da hora de ir embora as crianças eram reunidas, guardava-se o material, aí contavam-se histórias, ou cantava-se. A diretora ficava circulando.

A Te-Arte é bastante parecida. Só que não é sistematizado, como lá, cada um chega, assina o nome no livrinho que está no lugar onde vai ficar, há normas para quase tudo. Na Te-Arte existem normas, mas o poder emana de Therezita, ela distribui as tarefas e as competências. Acho que funciona porque é a Therezita, se não precisaria haver mais divisão de trabalho, mais definição.

A Tê tem um jeito peculiar, de observação direta, ela age em função da observação que faz. Ou se acredita no trabalho dela, ou não. Com sua intuição, percebe coisas incríveis. Nos Estados Unidos, as professoras não interferem tanto na vida particular das crianças. Não é como a Tê, que percebe algo no filho e pergunta aos pais: o que está acontecendo com o casal? O americano conta que está reparando que as atitudes da criança estão diferentes, e só isso.

Uma das vantagens da Te-Arte é reunir idades diferentes, cria uma espécie de solidariedade, os maiores ajudam os pequenos, vêm contar que um pequenininho se machucou etc.

É um trabalho muito gratificante, mas ao mesmo tempo simples; não tem nada de glorioso ou empolgante, e inclui as coisas chatas de todo dia; às vezes a gente não está bem, outras vezes não tem vontade de fazer certas coisas; contudo é um trabalho bonito, em que a criança quase sempre se sente bem e pode dar vazão a sua criatividade. Tenho dúvidas se na periferia um trabalho assim funcionaria, ou mesmo funcionando, se seria o mais adequado para as crianças. Será que elas não teriam de aprender a comer com talher, coisas mais formais, em vez de só brincar, embora com materiais de arte? Ou será que a escola não deveria primeiro dar de comer? Talvez o tipo de escola da Tê seja mais para crianças de cidade grande, que moram em apartamento e não têm contato com terra etc. De qualquer modo, não se pode ver só o lado bom do trabalho, é preciso ver também as coisas chatas.

Quando voltou dos Estados Unidos, Virve queria prosseguir com pedagogia para crianças de 0 a 7 anos, em função da experiência que lá tivera. Todavia não encontrou curso nenhum, nem na USP, nem na PUC, e então partiu para a prática direta: "Fui à Te-Arte pegar o boi na unha. Lidar com crianças difíceis, dessas que sobem em telhado, em grade, com hiperativos. Trabalhar com fogo, e todas aquelas crianças ao lado, inclusive as problemáticas... Comecei fazendo adaptação das crianças difíceis".

Virve veio ainda pequena da Finlândia, com os pais e três irmãos. O pai, escultor, sempre trabalhava com madeiras, inventava objetos, fazia maquetes, e foi deixando esse gosto pela arte, aliado a um amor pela natureza, também transmitido pela mãe, pelos parentes. Virve conta que na Finlândia as pessoas desenvolvem todo

De volta ao quintal mágico • 241

um amor pelo fazer coisas em conjunto, pelo cozinhar... e que as saunas são rituais de higiene não só física, mas também espiritual: um lugar de meditar. E ela foi imprimindo muitos desses traços a sua atividade na Te-Arte. Vários pré-adolescentes, ex-alunos, ainda se lembram com água na boca dos biscoitos de Virve.

"Acho riquíssimo o trabalho da Te-Arte, comparado a qualquer pré-escola", afirma Virve. "A partir do espaço, e da utilização desse espaço, as possibilidades são incríveis. Precisava haver muitas escolas dessas. No entanto, como é mais aberta, sem classes, é preciso uma estrutura de grande responsabilidade; você tem de ser profissional mesmo, e dentro de um trabalho muito grande de equipe. Precisa ter atenção redobrada – a gente usava uma espécie de código de gestos, de olhares, para indicar que tal criança estava indo para a área do outro 'professor'. Acho que isso deveria ser a vida de toda criança, poder brincar num espaço assim, com esse tipo de atenção dos adultos. É direito de uma criança de até 7 anos ter esse espaço", acredita a finlandesa.

"Todo pai, quando chega e vê o espaço da Te-Arte, fica emocionado, pensa que é um sonho um lugar desse jeito. Mas não é fantasia, é algo que pode ser realizado. Para mim, foi uma experiência extremamente gratificante. As coisas aconteciam, me absorviam muito. O envolvimento é emocional e corporal. Todos os sentidos ficam ocupados e em alerta. No fundo, o trabalho com a criança é o que mexe mais. Não dá para fazer discurso. É olhar no olho e sentir. Criança é consciência viva."

~~~

Colette é marroquina, ficou dez anos no Brasil, de 1975 a 1985. Já correu mundo e depois da experiência na Te-Arte foi para Israel trabalhar com crianças e adultos emigrados da Etiópia: são os *falashas*, um povo bem rudimentar, transportado ao território israelense pela Operação Moisés. Colette entusiasmou-se com esse projeto socioeducativo-antropológico: "Eles são uma comunidade primitiva de judeus que foi levada clandestinamente ao novo país. Chegaram numa sociedade moderna, é um choque; quis ajudá-los a se integrar no moderno preservando suas tradições".

Ela nasceu no Marrocos, de mãe costureira e pai contador, apaixonado por livros. Viveu uma infância boa, junto com cinco irmãos, em Fez, capital intelectual e religiosa da nação. Estudou no Colégio da Missão Francesa até o vestibular, quando foi para Rabat cursar o primeiro ano de Letras. Então a família mandou-a para Paris: inglês na Sorbonne, moradia em quarto de empregada. Ficou lá durante dois anos; para se sustentar, dava aulas de língua em colégios. Resolveu conhecer Israel, trabalhou num *kibutz* com crianças. Voltou a Paris e casou-se com o namorado francês.

Viveram um ano na Cidade-Luz, quando foram para a Etiópia – em cooperação cultural, o marido dava aulas de francês. Permaneceram três anos em Adis-Abeba, até que veio a revolução de 1974, o marido pediu transferência e vieram parar na Aliança Francesa, em São Paulo, Brasil.

Tinham um filho, Yan, com 1 ano e cinco meses. Moravam em apartamento, procuravam, escola para o filho. Colette foi a uma que tinha uniforme, apito, inglês: o menino voltava limpinho, porém não se adaptou. Ouviu falar de Therezita. Na primeira entrevista já sentiu a diferença: "Gostei que ela não era o tipo da diretora, gostei da atuação dela com a criança". Yan foi

De volta ao quintal mágico • 243

para a Te-Arte, e passou a voltar "com os sapatos pendurados no ombro, sujo, mas os olhos tão brilhantes, feliz da vida, cantando". Sua língua misturava francês, português, etíope; aos 4 anos, voltando à França, em um mês conseguiu falar francês. O segundo filho, Nathanael, nasceu no Marrocos.

Nathanael entrou para a Te-Arte com 1 ano. Colette estava separada do marido. Mais tarde, o caçula começou a dar problemas: era uma criança hiperativa. Recomendaram que o garoto mudasse de escola, e a mãe se recusou a tirá-lo de lá. "Era daquilo que ele precisava. Eu é que preciso aprender a lidar com ele. **Sei que não vou achar outro lugar onde ele possa correr e voltar e tenha sempre alguém olhando.**" Para aprender a lidar com o filho, Colette fez em 1979 um semestre de estágio: "Aprendi o bê-á-bá, brincava, ia na areia. Um desafio para mim, esquecer o que tinha lido e recomeçar como se fosse uma criança, a descobrir materiais, espaço..."

Em 1981, Colette escreveu um depoimento:

Eu, como mãe

Cheguei ao Brasil em 1975, fui à procura de escola para o meu filho de 1 ano. A maioria apresentava um currículo detalhado das atividades oferecidas. Fui parar na "escola da Therezita". Não tinha nada escrito, não tinha placa, não tinha propaganda. O primeiro contato já estabeleceu a diferença fundamental: não era para "agradar" aos pais, mas sim transpirava o amor e o respeito à criança, e um conhecimento profundo da criança pela experiência e não pela leitura. Ali era o lugar do meu filho.

Um lugar aberto, física e humanamente, para quem quisesse sentir o ambiente (hoje é dever de todos os pais): a criança se relacionando com o espaço onde ela evolui; com as outras crianças, com os adultos, com os bichos, com os objetos. Meu filho saía de casa lavado, penteado, de lancheira no ombro; voltava "sujo", "imundo", sapatos pendurados na lancheira, mas um ar tão feliz, tão "iluminado", com música dentro dele.

Várias vezes eu fui até lá, no mundo dele, desci, entrei no tanque de areia, nas casinhas, nas salas, na cozinha, nesse espaço onde todas as crianças (de meses até 6 anos) estavam juntas. A classe tradicional com mesinhas e cadeirinhas num quarto fechado: inexistente. Nenhuma sala fechada. A "decoração" nunca é fixa, o horário para atividades também não é rígido, isto visto de fora, para quem não tinha experiência com educação de crianças, parece meio caótico. Mas não é.

Havia de tudo. Eu vi lanche, areia, barro, pintura, desenho, corridas, trepa-trepa, animais (coelho, galinhas, hamster, cachorro até taturana "estudada" e alimentada), troca de roupas, dança, canto, construção de uma represa, teatro, jogos diversos, aniversários, despedidas, voltas, separações e mudanças...

Meu filho saiu em dezembro de 1979, 6 anos de idade, sabendo:

- brincar em qualquer lugar (aberto, fechado, seco, molhado, alto, baixo...);
- criar brincadeiras e jogos com qualquer tipo de material (porque foi mostrado e trabalhado o "fabricar");

De volta ao quintal mágico • 245

- ir a lugares, tais como: teatro, cinema, museu, parque ou visitas, e se mostrar adequado, inclusive mostrar que gostou ou não gostou e o porquê;
- querendo saber mais e pesquisar (porque foi desenvolvido o sentido de observação): um lugar, um brinquedo, um livro, uma história...;
- ser responsável por ele e por suas ações;
- mostrar que pode se virar sozinho, além de cuidar de si, poder ir à banca de jornais, supermercado, padaria, dar recados etc.;
- ler e escrever (em português, quando saiu; em francês, logo depois, sem dificuldade);
- vale também acrescentar: preparar café, fazer bolo, preparar a mesa, lavar louça, até tentativas de bordar, contar histórias para o irmão.

Hoje ele está com 7 anos e meio, na 2ª série, na turma da tarde. É capaz de fazer suas lições sem esperar minha volta ou minha ajuda: eu trabalho de manhã. E eu sei que ele faz muito bem.

Eu "repeti" não só com meu segundo filho, hoje com 4 anos, como também comigo: estagiei durante seis meses o ano passado, desde o bê-a-bá da vivência com as crianças. Até mudei de profissão: de professora de línguas para adolescentes e adultos, eu estou me refazendo, descalça e pronta.

Quando Colette passou a trabalhar com Therezita, sentiu que era difícil se soltar como adulta para trabalhar no espaço da criança. Além disso, era a mãe trabalhando no espaço do filho. "Mas eu não queria lecionar onde tivesse espaço rígido, excesso de disciplina. Por mais que eu preparasse aulas, nunca fazia o que tinha preparado. Na Te-Arte, a gente sabe que objetivos cumprir, a gente segue a respiração da criança sempre com base firme. Eu me achava dura, as pessoas me achavam mole. Não é isso; no espaço aberto você cria limites mais verdadeiros: esse foi meu aprendizado."

Ao mesmo tempo, Colette fazia curso de formação em psicodrama pedagógico (1978 a 1981) no EUTU Núcleo Psicopedagógico, sob a coordenação de Herialde Silva Fonseca. "Realmente uma troca completa, o que eu aprendia na escola trazia no psicodrama e vice-versa." Completou a formação, com supervisão e tudo, coordenou grupos, deu cursos.

Diziam-lhe: que coisa engraçada, estudou tanto e está aí limpando bunda de criança. Isso, é claro, as pessoas que não atentam para o valor do trabalho com essa faixa de idade. Ela só respondia: "Pois é, é uma arte". Na Te-Arte, Colette aprendeu a cantar em português: "Podia tocar qualquer instrumento sem nunca ter aprendido. Não era preciso ser especialista para ensinar esta ou aquela técnica, bastava querer".

Colette diz que o trabalho na Te-Arte não é só de educação, não é só de professor, nem de recreacionista: "É uma coisa mais profunda, mais integrada, boa, produtiva, que deixa resultados para a vida toda. A Tê consegue carimbar aquilo que ela faz. Não é só a criança com quem ela trabalha, mas os professores, os pais: em todos ela deixa um carimbo forte. Os outros tentam fazer coisa parecida, no clima, no espaço físico aberto, no uso da arte, mas quase sempre falta muito".

Ao partir para Israel com os dois filhos, Colette imaginava aplicar sua vivência pedagógica na aculturação de judeus negros, da comunidade etíope falasha: "Esse trabalho podemos transmitir para outras pessoas; do jeito que a gente aprende, dá para transmitir. Sempre gostei dessas coisas, não foi uma descoberta, uma coisa totalmente nova. Eu procurava, eu reencontrei o lado primitivo da gente. É maravilhoso esse processo voltado inteiramente para a criança, para desenvolver sua auto-expressão. O grande valor da Tê é que ela está inteira no trabalho que faz. Ela procura melhorar com bibliografia – e nós da equipe vivíamos lendo livros e discutindo-os, com outros apoios pedagógicos e psicológicos –, mas seu trabalho tem muito a ver com sua vida. Outra personalidade não ia dar no que dá. Sua presença é extremamente forte, indutora. Ela se encontra através do trabalho. Esse trabalho estava lá para ela fazer". O "método" Therezita funcionou na delicada aculturação desses refugiados. Colette sempre se dedicou ao trabalho com crianças, tendo inclusive atuado durante alguns meses em Cuba.

No ano 2000, Colette esteve na Te-Arte com Nathanael, já um homem, e acabou participando do vídeo feito por Márcia Alves. Quem viu, percebeu que ela estava muito à vontade no meio das crianças, perfeitamente entrosada. Parecia uma professora da equipe e que não haviam se passado quinze anos.

Marta: os índios e a educação pelo sim

"E a Therezita tinha razão." Muitas vezes a antropóloga **Marta Azevedo** terminava seu diário de campo com esta frase. Depois de trabalhar na Te-Arte, Marta viveu durante três anos numa aldeia de índios Kaiowá (Guarani), em Grande Dourados, Mato Grosso do Sul, a quinze quilômetros da fronteira com o Paraguai. Lá, observou inúmeras semelhanças entre as intuições e práticas de Therezita e a maneira como os indígenas educavam suas crianças.

"O respeito à criança é um ponto básico para a Tê", assinala Marta.

> A primeira vez que escrevi no diário de campo "E a Therezita tinha razão" eu estava na aldeia há alguns meses e já começava a entender a língua dos índios. Eu havia sido "adotada" por uma família grande e assistia a uma cena exemplar: minha avó índia aceitando a argumentação de sua netinha de 4 anos. A avó lhe pedira que levasse a irmãzinha de poucos meses até a mãe, que tomava banho no rio. A bebezinha chorava, mas a menina disse que não ia levar, pois queria beber chá junto com os outros da casa. As duas argumentaram por um bom tempo, a avó dizendo para a menina ajudar a mãe, a garotinha dizendo que, se a avó pegara a nenê, ela é que devia levar. Finalmente, a avó cedeu e foi até o rio. Os velhos são muito respeitados entre os índios; mesmo assim, a avó teve um enorme respeito pelas razões da criança: era como se estivesse falando com uma pessoa adulta. Em nenhum momento abusou de sua autoridade e deu uma ordem como os adultos brancos fazem. *A velha não interrompia a menina, cada uma falava por sua vez. Os presentes também não interromperam a discussão: os índios nunca se interrompem.* Vi esse respeito pela fala e pela atividade da criança durante toda a minha vivência com os índios. Eles nunca mentem para as crianças. Do mesmo modo, fui testemunha, na Te-Arte, desse profundo respeito pela função da criança.

De volta ao quintal mágico • 249

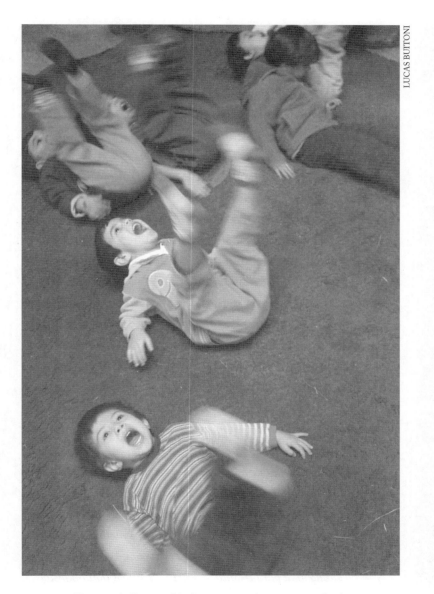

Virar cambalhotas emitindo sons proporciona prazer e alegria.

Nos idos de 1970, Marta trabalhava na assistência social do Palácio do Governo do Estado de São Paulo, fazendo recreação com crianças de periferia. Estudava flauta na Pró-Arte ao mesmo tempo que Therezita lá desenvolvia sua escola. Ao participar de um curso de musicalização com a professora Mirna, em 1973, Marta conheceu a educadora capixaba, que a convidou para sua equipe. Ficou na Te-Arte até 1978, e, paralelamente, estudava ciências sociais na USP. Aí, foi morar durante três anos numa aldeia dos índios da reserva Takuapiry, como parte de um projeto de um grupo de antropólogos não ligados à Funai. Marta começou a trabalhar com adultos, passou para as crianças, chegando a elaborar uma cartilha de alfabetização. Ao voltar a São Paulo, fez mestrado sobre música Kaiowá e também dava assessoria em questões de educação escolar indígena.

O tempo todo Marta se lembrava de Therezita. E pôde sentir como o trabalho desenvolvido na Te-Arte tinha raízes profundas com as maneiras mais primitivas de o ser humano tratar suas crianças. Os paralelos foram se estabelecendo.

> *Os índios têm muito respeito pela função da criança, reconhecem que ela tem um papel e sabem que ela tem direitos. **Os índios dizem que as crianças representam a possibilidade de eles continuarem existindo como sociedade. Por isso, colocam as pessoas mais preciosas para ensiná-las: o melhor fazedor de arco e flechas, a melhor cozinheira, a melhor rezadeira...** Quando um cozinheiro famoso, entre nós, vai "perder" tempo dando aula para crianças? À noite, os velhos contam histórias. Na nossa civilização, os velhos, que poderiam ser aproveitados para educar, não o são. Desperdiçamos sua experiência. É*

uma coisa muito bonita, isso de pegar as pessoas mais preciosas para ensinar as crianças. Nós, brancos, não acreditamos muito na educação das crianças pequenas, não damos muita impor-tância. Costumamos pensar que qualquer pessoa pode ficar com elas, basta tomar conta. Depois, as escolas dividem muito as tarefas, tem a servente que só troca fralda e limpa as crianças, só faz o serviço "sujo". E as boas professoras, geralmente as do-nas da escola, acabam transferindo todo o contato mais braçal para as "auxiliares", para o pessoal mais inexperiente, ficando apenas com o trabalho administrativo ou de supervisão. Na Te-Arte, não existe essa divisão. E as pessoas mais preciosas continuam a pôr a mão na massa, todos os dias.

Para os índios, a formação da criança de 0 a 7 anos é muito importante. A criança fica com a mãe até uns 2 anos (a Tê também acha que a criança muito pequenininha precisa ter bastante contato com a mãe, se não fica um vazio, um buraco para a vida toda). Com 7 anos, o menino ou a menina sabe fazer tudo, construir casinha, fazer flecha, cozinhar. Menino e menina aprendem as mesmas coisas (assim como na Te-Arte), só mais tarde é que se aperfeiçoam nas atividades próprias de cada sexo.

A Therezita sempre vinculou o brinquedo ao trabalho: brincar é o trabalho da criança. Os índios também acham as-sim. Um antropólogo amigo meu, o Meliá, diz que as crianças índias brincam trabalhando e que os adultos trabalham brin-cando. Os indiozinhos vão à roça, ralam mandioca etc. – aju-dam de verdade os adultos na maioria das tarefas. Não são "inúteis", como as crianças "civilizadas", principalmente as de classe média para cima. Nossas crianças mais pobres às vezes trabalham muito, ajudando os pais, mas mesmo assim a ideologia da educação é que a criança tem de ser inútil. Esse é o "ideal". A Tê quer que a criança se sinta útil: além de auxiliar lavando frutas, buscando coisas, ela participa da construção, da modificação do ambiente da escola. Entre os índios, cada criança desempenha um papel, útil. Nossa sociedade entristece a criança, ela se sente inútil.

A constante mudança do meio ambiente é outro ponto comum entre os índios e a Therezita. Na Te-Arte, a interação de crianças e adultos com o meio ambiente é contínua. A paisagem nunca é a mesma, muda sempre. A criança precisa sentir de perto que o ambiente muda. Como podemos pretender uma consciência ecológica, se a criança não vê como a plantinha cresce, como a água penetra ou escorre pela terra, se não observa um besouro, o fogo queimando...

E não é só grama ou planta, a Tê dá muita importância ao chão de terra batida, e as crianças precisam desse contato com a terra, o chão de terra. Os índios têm oká, *o terreiro de terra batida, que é a sala deles; entrando no* oká, *a gente já está entrando na casa da família. A parte coberta, a cabana, é um espaço íntimo da família. O* oká *está sempre mudando de aspecto: são os alimentos, empilhados ou em preparo, a colocação dos utensílios, dos bancos... Na Te-Arte, as coisas também mudam muito de lugar.* **E as crianças só entram quando é dia de chuva. Eu tomei maior consciência ainda disso com os índios. Até hoje as pessoas não entendem que é preciso ficar fora, principalmente na infância. Quando voltava para São Paulo, trazendo alguns índios, ouvia a observação de que para nós tudo é dentro.** *Eu mesma comecei a me chocar com es-*

De volta ao quintal mágico • **253**

se viver dentro. Saímos de dentro de casa para dentro do carro, para dentro do cinema, para dentro de um bar... E num país onde o clima não exige que se fique tanto dentro... Os índios me diziam que os brancos são pior que tatu.

Hoje, o grande avanço em creches ainda é o nenê tomar sol. Acho que foi uma grande sacada da Therezita procurar trabalhar sempre fora e criar nesse fora vários espaços, vários ambientes, casinhas, horta, galinheiro, trilhas, desníveis, caminhos de cordas, morros, rios etc. Para poder atuar em qualquer atividade, a criança precisa vivenciar. Ela nunca vai poder atuar com a natureza, se não tem contato. Não é algo irreal, difícil de realizar. Uma escola de terra batida, com algumas plantas e árvores, com ambientes em constante mudança, podia haver uma em cada quarteirão, mas as pessoas preferem um pátio cimentado, um playground *convencional e no máximo um tanque de areia, como se isso bastasse.*

Ao não separar as crianças em classes, ou atribuí-las a determinada professora, a escola da Therezita possibilita uma convivência muito mais rica entre as próprias crianças, entre elas e os adultos e vice-versa. Há um respeito maior pela idade "real" da criança. A Tê sempre diz que a criança se agrupa naturalmente, às vezes conforme a idade, o sexo, mas principalmente conforme sua personalidade.

Os índios batizam a criança com um nome que não é vocativo, um nome que tem a ver com suas futuras habilidades. "O grande flecheiro", "a que vai cozinhar bem". O pajé é quem escolhe. Nunca vou saber se o pajé realmente vislumbra o que a criança vai ser, ou se a expectativa da família vai moldando sua personalidade, porém, a criança acaba confirmando as qualidades do nome. Mas não é nada forçado, a família e a aldeia dão condições para que ela se desenvolva. Há um grande respeito pela personalidade da criança. Se ela é mais devagar, vai ser respeitada em sua lentidão e estimulada nos aspectos mais positivos. Therezita também faz assim. Ela dizia que a escola devia dar às crianças condições de crescer, de decidir o que fazer. Eu achava isso fácil; depois que fui para a aldeia, vi que é muito mais difícil deixar as crianças terem condições de atuar, em vez de o adulto chegar e "propor" uma atividade.

Os índios praticam a educação pelo sim. **Eles nunca falam não para a criança**, uma exceção de raríssimos casos. Levei minha filha Laura, com 11 meses para a aldeia. Ela foi até o mato perigoso para o tamanho dela e um menino índio acompanhou-a, distraiu-a e conseguiu trazê-la de volta. Mexeu no pilão, uma garotinha desviou sua atenção para outra coisa. Chegou perto do fogo, minha "mãe" índia pegou a Laura e lhe mostrou um pauzinho em brasa, explicando que queimava, que doía; lógico, minha menina não entendia a língua, mas percebeu o sentido. Ninguém disse não à Laura durante mais de um mês de estada lá. Eles educam pela estimulação, pelo elogio. Therezita insistia conosco: "Não adianta dar ordem negativa verbal, precisa ir e tirar a criança da situação. Ela só vai entender a ordem negativa verbal com 7 anos. Em vez de falar: não brigue, fale, ou brigue sim, mas com algumas regras".

Sempre admirei a capacidade que a Therezita tem de tomar duas atitudes completamente diferentes com a mesma criança, em duas situações semelhantes, como, aliás, os índios também conseguem. Num dia, a Tê repreende o que chuta o outro; no outro dia, afaga, pela mesma coisa. Isso é trabalho de *mãe, sacar o momento da criança; porém, a educadora precisa desenvolver reações não estereotipadas. A Tê fala que a gente precisa aprender a olhar a criança, a sentir a criança. Por isso, ela dá pouquíssimas explicações para quem começa a trabalhar na escola.* **Nem o nome da criança ela diz:** *"Vocês têm de descobrir o nome, perguntem para ela; observem como brinca, como se relaciona". Therezita estava investindo em nossa formação; geralmente ninguém tenta observar a criança para saber qual a sua personalidade. Observar mesmo, não enquadrando logo na primeira impressão. Depois que tive filho, vi como era importante a criança se sentir olhada, respeitada e não apenas rotulada. Essa é a grande lição da Tê e dos índios: devemos olhar e sentir a criança.*

*Na cozinha, as crianças aguardam ser servidas;
depois, cada uma leva seu prato até a mesa.*

A comida é bem variada e colorida, estimulando todos os sentidos.

Os sete sentidos

Jornalismo é contar, é narrar, é relatar. Reprodução tentando ser pura e simples, reproduzir mesmo. Geralmente acrescentando tintas, realçando tons – alguns até admitem que deram muitas pinceladas pessoais. Tentei evitar aquarelas mais fortes, mas a proximidade afetiva com o assunto acabou permeando todas as fases, da captação à montagem final. No entanto, a necessidade de transmissão supera meus receios de interferência. Ao tentar a realização de um texto-documentário, segui uma proposta teórica que apresenta um campo de interação de conhecimentos.

Enquanto colhia dados e redigia o primeiro trabalho, surgiram alguns livros que relatavam experiências escolares numa linha parajornalística: *A pedagogia Freinet por aqueles que a praticam*, com textos sobre vivências européias, e o brasileiro *A paixão de conhecer o mundo*, de Madalena Freire, que narra a criação da Escola da Vila, em São Paulo*.

Não fui professora da Te-Arte, contudo vivi alguns momentos como se fosse. Buscando informações, articulando o texto, passo a passo me deparei com as reflexões levantadas anteriormente na parte teórica da tese. Em que medida eu, pesquisadora-participante (e mais que isso, afetivamente participante), não estava vendo um só lado? Será que não apontava apenas para as qualidades? Será que estava sendo suficientemente clara para quem não conhece o trabalho da Te-Arte? A reflexão acadêmica, o afeto, a emoção, a convivência se misturam. Tentei ser jornalista. Mas também vi muito com o coração.

Trazendo os depoimentos dos colaboradores de Therezita, todos eles impregnados de vivência, procurei ajudar a refazer, na cabeça dos leitores, as tramas desse tecido pedagógico que vem tecendo, com bordados tão significativos e vívidos, alguns remanescentes da mente primitiva do ser humano – um território que é preciso resgatar. Minha expectativa, no fundo, é de que pais e mães sejam docentes de filhos livres.

---

* A Escola da Vila também começou com a educação infantil, numa linha bastante inovadora. Hoje, abrange ainda o ensino fundamental. Em 1985, foi publicado o livro *Uma escola no fundo do quintal*, de William César Castilho Pereira e Maria Antonieta Pereira, sobre a Escola Cooperativa Mangueira, que utilizava uma divisão igualitária de trabalho, com muita participação dos pais dos alunos, principalmente via mutirão. Localizada na cidade de Contagem (MG), surgiu de uma primeira experiência educacional de 1969 a 1973, numa escola que pertencia à prefeitura. Por não concordar com a orientação pedagógica, o prefeito demitiu grande parte dos professores. Alguns anos mais tarde, um grupo de pais que participara desta vivência resolveu montar a cooperativa: nascia a Escola Mangueira.

De volta ao quintal mágico • 259

O mosaico das falas dos anos 1970 e 1980 e do começo do século XXI vai pontilhando sinais do "método Therezita". Mais do que isso, a multiplicidade das impressões mostra as particularidades da ação de cada participante desse processo pedagógico – educadores, pais ou crianças e como foram marcados e transformados por suas intervivências. Os adultos expuseram suas emoções e suas dificuldades; um a um, uma a uma, todos encontraram seu jeito de lidar com seus medos, dúvidas, intuições, no aprofundamento das cenas corriqueiras, fortes, tristes e alegres do dia-a-dia da Te-Arte. Eles não precisaram se encaixar em um modelo. Todos cresceram olhando para sua própria criança.

Tudo é arte na escola de Therezita. Mas uma arte que parte do corpo da criança, do domínio do próprio corpo. E aí se diferencia das escolinhas de arte para crianças cujo objetivo primeiro é desenvolver processos artísticos. Lá, a arte é mais visceral, está entranhada no agir de cada momento. Como diz Therezita: "É uma arte o chegar na escola, dar um sorriso, o jeito que se despede da família: então a criança já está dramatizando uma relação. Ela sabe que o pai ou a mãe vai para o trabalho, enquanto ela faz seu próprio trabalho, que é brincar. É uma arte o lidar com o jardim, com a flor, com o corpo e saber caminhar, saber pular, saber correr, saber tomar cuidado nesse espaço que é bem diversificado, nada plano e com vários 'obstáculos'. É uma arte segurar ou trabalhar seu controle, ou descontrole do xixi e do cocô, porque é a primeira produção de arte real dela. Então, quando a criança pode soltar isso, deixar escorrer pelas pernas, e não há censura, porque não existe um carpete, ou uma fralda descartável prendendo, ela começa a gostar de si porque ela é arte e produz arte. A alimentação é uma passagem para artes mais externas. É uma arte mastigar, sentir sabor, sentir prazer em se alimentar. A criança começa a buscar materiais fora dela: areia, água, pedra, barro, e a construir suas brincadeiras em arte. Os amigos também representam uma arte de convivência, do saber lidar com os limites dos outros. E, mais tarde, entram os lápis de cera mais grossos, os mais finos, o giz-pastel, a tinta de têmpera, o guache, a pintura a dedo, a preparação de tintas e gomas que nós mesmos fazemos etc.".

Para Therezita, nosso corpo é o instrumento maior de arte, principalmente como instrumento musical. As crianças gritam, riem, choram, rolam, berram e o adulto tem de saber ouvir e acolher essas manifestações. **Porque a criança precisa saber conhecer esse corpo**, que é seu próprio instrumento, ela tem de sentir como ele vibra, e para isso precisa de um espaço onde possa exercitar o corpo e perceber todas as possibilidades, do deslizar numa tábua inclinada ao som da mão batendo na perna, passando pelo assobio com uma folha entre os lábios. Therezita não usa os instrumentos organizados como numa bandinha, nem tem sala especial de música. A partir do corpo da criança, passam-se a outros instrumentos, a maioria tambores bem primitivos, feitos de tronco de árvore e couros rústicos, que podem ser tocados tanto numa área coberta como no tanque de areia ou em volta de uma árvore. Tendo a possibilidade de bater na barriga e sentir que faz um som, bater na cabeça e sentir que faz um som oco, a criança passa também a fazer soar o instrumento externo, favorecida, é lógico, pela situação bastante natural de não ser "aula" de música e sim uma decorrência do trabalho realizado.

A influência avassaladora da mídia, em especial a televisão, vem contribuindo para o "desaparecimento" da infância. Neil Postman, professor de comunicação da Universidade de Nova York, considera que a informação eletrônica está minando a infância como fase separada e protegida das vivências consideradas "adultas". Em seu livro *O desaparecimento da infância*, ele mostra como a concepção atual da infância inexistia até o fim da Idade Média. Com a Renascença e a revolução trazida pela palavra impressa, que criou a necessidade de multiplicar escolas, o conhecimento foi hierarquizado por faixas etárias. As crianças tinham de aprender progressivamente e o mundo adulto foi se separando do mundo infantil. Elas precisavam ser conduzidas e protegidas – no conhecimento e na vida. Construía-se uma "idéia" de infância, que se consolidou no século XIX, alcançando grande força no século XX, inclusive com pesquisas acadêmicas de peso. Nesse sentido, a infância é considerada um artefato social, mais do que uma configuração biológica.

Embora reconhecendo a força das estruturas sociais, muitas das teorias sobre a construção do conhecimento no ser humano têm como base a biologia. Piaget dizia estar pesquisando uma "epistemologia genética" quando descrevia o desenvolvimento intelectual. Provavelmente, a prática da Te-Arte se aproxima de uma concepção "universal" do ser criança, mesmo dando grande valor às determinações sociais e familiares. Toda a pedagogia da Te-Arte se funda na defesa da infância.

Neil Postman também milita a favor da infância, reforçando a grande influência do ambiente social. Para ele, a mídia reduziu o papel da família na modelagem dos valores e da sensibilidade dos jovens: nos dias de hoje, as fronteiras entre as idades estão sendo apagadas. Há muitos sinais (erotização precoce, consumo desenfreado, fim das velhas brincadeiras infantis) de que a infância – principalmente a meninice, que vai dos 7 anos à puberdade – está em extinção. O autor norte-americano acredita que habitamos um tempo de crianças adultas e de adultos infantis e que só há diferenças marcantes entre os dois extremos: a primeira infância e a velhice. O amadurecimento precoce é decorrência do bombardeio midiático, em que as crianças são tratadas como adultos em miniatura. Por sua vez, os adultos são chamados a satisfazer todos os seus desejos como se fossem crianças mimadas. Duas instituições podem se empenhar na preservação da infância: a família e a escola. Neil Postman acha que a estrutura da família enfraqueceu seriamente quando os pais perderam o controle sobre o ambiente informacional dos jovens. Ele considera ser possível resistir ao declínio da infância, limitando o tempo de exposição das crianças à mídia e monitorando o conteúdo veiculado. No entanto, são tarefas difíceis, que requerem um nível de atenção que muitos pais não têm como dedicar aos filhos. O livro de Postman é um alerta em relação ao poder de uma estrutura midiática, que vem apresentando grandes modificações tecnológicas e culturais nas últimas décadas.

~~~

De qualquer modo, o conhecimento corporal do mundo é determinante no psiquismo do ser humano. Por exemplo, a fala é um processo corporal para a criança, é um conhecimento corporal que se aprende tanto quanto respirar ou ver. A fala é toda ela concreta para a criança, diretamente conectada ao mundo físico, que também inclui seu corpo. Se pedimos para uma criança de 2 anos falar a palavra "pé", provavelmente ela moverá seu pé ao mesmo tempo que pronuncia a palavra. Palavra e ação são sinônimos nesse estágio de desenvolvimento, porque a fala é um processo corporal concreto, uma resposta física da musculatura. Seu cérebro processa apenas o que é registrado por meio da experiência sensorial. É por isso que a educação infantil precisa estar diretamente conectada com os elementos da natureza: a água, a terra, o fogo, as plantas, os animais. A criança não processa informações abstratas, separadas da concretude do momento. Então, muitas explicações não funcionam nas relações entre pais e filhos, professores e alunos. As falas dos adultos só fazem sentido se tiverem uma correspondência com a visão, o tato, cheiro, e movimento muscular da criança. As palavras são internalizadas quando resultarem de movimentos físicos correspondentes. A lógica adulta é muito diferente da inteligência prática da criança.

A vinculação afetiva e a experimentação sensorial formam o ambiente adequado que propicia o conhecimento do mundo e a construção do eu. As possibilidades vitais se abrem a partir do afeto e dos pés no chão.

~

A terra batida é um elemento privilegiado no espaço da Te-Arte. Quantas escolas maternais no Brasil têm apenas um pátio cimentado, quando podiam ter um chão de terra batida, tão vital para a criança pequena e com tantas possibilidades criativas? Quantas escolas, mesmo com uma boa área externa, deixam os alunos de 1 a 7 anos a maior parte do tempo entre quatro paredes? Num país como o nosso, sem invernos rigorosos, é um desperdício não deixar as crianças do lado de fora, o mais possível. Elas terão muito tempo na vida para ficar dentro de casa, dentro da escola fundamental e média, dentro da faculdade, dentro do escritório, dentro da fábrica... Para que aprisioná-las tão cedo, quando seu próprio desenvolvimento depende – e se dará em melhores bases – da terra e do ar livre?

Não se trata de naturalismo ingênuo, nem de seguir esta ou aquela corrente naturalista. O comprometimento com a natureza, na Te-Arte, é algo mais profundo e enraizado. Não se desprezam as conquistas pedagógicas, nem os autores que trouxeram contribuições fundamentais à educação – muitos dos componentes da escola trazem uma sólida formação. A questão não é seguir Piaget, Montessori ou Freinet; sabem-se esses caminhos, mas nenhum é seguido especificamente, pois isto envolveria uma certa rigidez de estrutura.

A partir da terra, da água, do fogo – o exercício de brincar em todas as formas possíveis e imagináveis –, a criança estará pronta para as fases posteriores do aprendizado, como a alfabetização, muito mais do que se ficar dentro de uma sala, lápis na mão, traçando ondas e bolinhas em folhas de papel pautado. Em algumas atividades, a formação específica pode até ser necessária, no entanto, até uma pessoa simples pode transmitir muito, principalmente nessa faixa etária. Por isso, a experiência da Te-Arte pode ser extremamente útil, como exemplo de prática pré-escolar – uma pré-escola mais simples e sem grandes aparatos.

Freqüentemente, escolas das capitais menores e das cidades do interior preocupam-se em seguir as últimas modas pedagógicas, acreditando que só poderão funcionar se seguirem este ou aquele método, se seus professores fizerem tais cursos, se dispuserem de um determinado material pedagógico, se o *playground* tiver uma série de brinquedos... Bastaria um espaço de terra, plantas, uma árvore – poderia ser um quintal –, algumas dependências abrigadas, e adultos atentos, sensíveis e participantes: e a escola já pode começar a funcionar. Centrar as atividades nesse brincar, visto de um modo orgânico, em vez de deixar as atividades programadas e esquematizadas, que acabam sendo uma repetição mecânica e cansativa. Isso não quer dizer que se deixem de lado os objetivos pedagógicos.

Enquanto brincam, uma série de habilidades psicomotoras estão sendo desenvolvidas; as relações sociais e humanas vão se articulando. **Afeto e raciocínio** vão se apurando. Therezita tem consciência e plena certeza do desenvolvimento integral da criança com esse tipo de educação. Todos os conhecimentos que a moderna pedagogia vem trazendo estão incluídos deliberada ou intuitivamente em seu trabalho; e os resultados, nesses anos todos, com crianças se adaptando às mais diversas concepções de escolas de ensino fundamental, têm comprovado a eficácia dessa maneira de lidar com a educação pré-escolar.

~

Muitos dos elementos da Te-Arte – a terra, a não existência de classes, o trabalho com água e fogo, a presença determinante da figura masculina – podem ser utilizados em outras escolas.

Algumas coisas, como o trabalho com deficientes, já envolvem mais dificuldades, pois demandam um arcabouço psicológico e um conhecimento nem sempre dominado, embora a intuição e a sensibilidade pesem mais na maioria das situações. As famílias das crianças com problemas sabem quanto adiantou sua participação num trabalho assim, convivendo com as crianças ditas "normais". Não se pensa em descartar o conhecimento científico e pedagógico – muitas vezes ele suscitou uma prática na Te-Arte ou comprovou atitudes e atividades desenvolvidas há tempos –, mas de mostrar como adultos atentos, mesmo sem formação específica, dentro de um ambiente natural, podem suprir quase todas as necessidades de desenvolvimento físico e mental das crianças de 0 a 7 anos.

Hoje em dia, "as visitas costumam observar 'que coisa diferente, que novidade', ao depararem com o nosso espaço", diz Therezita. "Quando se brinca, é preciso ter um espaço lúdico natural e simples. O ser humano brinca sempre; **quem não brinca leva vida pobre**. Se a criança não brinca, ela não vai criar. Mais do que nunca, no mundo atual, o brincar é muito importante. Por isso que eu insisto, falo para as famílias que aqui é um lugar para brincar."

Therezita reconhece que, no começo, era muito mais rígida e exigia dos professores muito mais estudo, leitura e ação em cima da leitura: "Eu queria implementar uma atitude de conhecimento das etapas que estávamos observando. Por exemplo, uma fisioterapeuta tinha mais experiência em clínica, mas ainda não tinha atitude pedagógica; outra tinha magistério, mas nunca havia trabalhado com inclusão de crianças portadoras de deficiência. Eu não desejava provocar formas clonadas; queria que as pessoas vivenciassem cada tipo de dificuldade. Daí, sempre busquei a diversificação das deficiências: criança cega, autista, Síndrome de Down, limitação de movimento – levavam a equipe a uma atitude de observação, estudo, pesquisa".

Nos últimos anos, boa parte dos colaboradores continua entrando sem saber lidar com situações pedagógicas específicas. Therezita, porém, ressalva: "Hoje, as pessoas já entram no terreno pronto. Por ter plantado isso e por já ter passado por muito, as coisas são mais fáceis. Antes era muito inusitado".

~~~

Nos anos 1970, havia uma efervescência grande em relação a pedagogias de todos os níveis: educação infantil, ensino fundamental e médio – na época, primário, secundário e colegial –, ensino universitário, alfabetização de adultos etc., etc. Tal momento ecoava as ondas da contracultura dos anos 1960, e das idéias de educadores como Paulo Freire.

Em São Paulo, a Escola de Aplicação, Escolas Experimentais da Prefeitura, e algumas escolas privadas trabalhavam novas formas pedagógicas. Nesse contexto, apareceram escolas de educação infantil como a Escola da Vila – iniciada na Vila Madalena – e a Criarte, que tentavam construir experiências educacionais "alternativas". Embora a Te-Arte tenha surgido nessa fase de movimentos que pregavam liberação e liberdade, há alguns traços distintivos que a caracterizam como uma experiência mais orgânica, iniciada a partir do trabalho de uma pessoa que colocava muito de sua vivência na proposta pedagógica. Therezita possuía muita informação de linhagens e tendências pedagógicas, de Freinet a Montessori, muito contato com teorias psicológicas e psicanalíticas, muita vivência de ateliês de arte. No entanto, sua pedagogia é fruto de um processo que foi se construindo ao longo desses anos, assimilando ainda influências de seus colaboradores.

No começo do século XXI, de tantos racionalismos, técnicas e tecnologias, temos notícia de uma escola em Portugal: a Escola da Ponte, em Vila das Aves, criada por José Pacheco. Na Escola da Ponte, a aprendizagem e o ensino são uma atividade comunitária; os alunos não são separados por classes ou idades, trabalham em grupos e desenvolvem pesquisas e projetos cujos temas foram por eles decididos. É uma escola que corresponde a nosso ensino fundamental e trabalha com cerca de 120 alunos, que têm muita liberdade e se reúnem em assembléias para decisões coletivas. Existe há pouco mais de trinta anos e tem atraído gente do mundo inteiro que vem conhecer sua estrutura. O pedagogo e escritor brasileiro Rubem Alves visitou a Escola da Ponte e descreveu suas fortes impressões no livro *A escola que sempre sonhei sem imaginar que pudesse existir*. Suas observações: ninguém corre, ninguém grita, nenhuma competição, espaços abertos, crianças com Síndrome de Down – cenas que vemos igualmente na Te-Arte. O fundador da Escola da Ponte, José Pacheco, já esteve na escola de Therezita e também viu muitas coisas em comum. A Escola da Ponte é apontada como uma escola "democrática" e encontra ecos até em instituições públicas, como a Escola Amorim Lima, no bairro do Butantã, pertencente à rede municipal de São Paulo. O Amorim Lima vem passando por uma autêntica "revolução" em sua pedagogia, com

De volta ao quintal mágico • 269

a incorporação de princípios da Escola da Ponte, num processo que envolve as famílias e um grupo de voluntários.

Nos anos 1970 e 1980, talvez a grande angústia dos pais em relação à escola fosse a construção do conhecimento, as linhas pedagógicas. Paradoxalmente, era uma época de grande efervescência política e, às vezes, as reuniões pedagógicas acabavam se transformando em discussões de temas políticos.

Agora, quando a questão da democratização já está relativamente superada, começa a surgir uma espécie de "anseio" por uma escola democrática, uma escola na qual os alunos tenham poder de decisão a respeito de conteúdos de projetos a ser desenvolvidos. A escola Lumiar, na cidade de São Paulo, iniciada recentemente e apoiada pela Fundação Semco, é um exemplo dessa tendência. O ensino fundamental é dado por projetos, não há disciplinas formalizadas, as idades são misturadas e há professores tutores. A Lumiar, via Fundação Semco, apóia projetos pedagógicos semelhantes em duas escolas públicas paulistas, uma em Mogi Mirim, outra no bairro dos Mellos, em Campos do Jordão.

O trabalho de Therezita, que teve grande penetração nos anos 1970 e 1980, volta a ser muito valorizado por pedagogos e pesquisadores ligados à educação. Assim, em agosto de 2005, a equipe da Te-Arte apresentou uma oficina pedagógica no primeiro congresso brasileiro de inovação básica, que aconteceu na Universidade Anhembi Morumbi, em São Paulo. Therezita também escreveu uma série de artigos para o suplemento Equilíbrio, do jornal *Folha de S.Paulo*.

A necessidade de brincar vem sendo desconsiderada nestes tempos tão midiáticos e informatizados. A questão preocupa tanto que existe uma associação internacional para a defesa do direito de brincar, a International Association for Child's Right to Play – IPA*, reconhecida pela Unesco. A IPA aponta um conjunto de tendências e seu impacto negativo no desenvolvimento das crianças: a indiferença da sociedade em relação ao direito de brincar; a sobrevalorização dos estudos teóricos e acadêmicos nas escolas; o planejamento ambiental e inadequado, patente na proporção desumanizada das construções, formas de habitação impróprias e má gestão do tráfego; a crescente exploração comercial das crianças por intermédio da mídia e de produtos industrializados, que conduzem a uma deterioração dos valores morais e tradições culturais; o aumento do número de crianças que vivem sem as condições mínimas para se desenvolverem; a falta de acesso das mulheres dos países menos desenvolvidos a uma formação básica sobre cuidados com crianças e sobre seu desenvolvimento. Tudo isso resulta na preparação inadequada das crianças para enfrentarem uma sociedade em constante mudança. Algumas regiões ainda apresentam um número crescente de crianças que trabalham; outras estão expostas à guerra, à violência, à exploração.

A IPA considera que brincar é essencial para a saúde física e mental da criança; brincar faz parte da educação; brincar é uma parte essencial da vida familiar e comunitária e, portanto, a criança precisa de tempo para brincar. O que é brincar para a IPA? A associação lembra que as crianças sempre brincaram ao longo da história e em todas as culturas. Brincar é comu-

---

* O endereço eletrônico da Associação Brasileira pelo Direito de Brincar (IPA-Brasil) é: http://www.ipabr.org.br. O e-mail é: ipa-br@ipa-br.org.br.

De volta ao quintal mágico • 271

nicação e expressão, associando pensamento e ação. Brincar é um ato instintivo, voluntário e espontâneo. É uma atividade natural e exploratória. Brincar, a par da satisfação das necessidades básicas de nutrição, saúde, habitação e educação, é uma atividade fundamental para o desenvolvimento das capacidades potenciais de todas as crianças. Enfim, é um meio de viver e não um mero passatempo.

Em novembro de 2002, a IPA realizou sua XV Conferência Mundial, no Memorial da América Latina, em São Paulo. Participaram pessoas das Américas, da Europa e da Ásia, em conferências, painéis, oficinas sobre as diferentes maneiras do brincar. O tema central era: "A cultura e o brincar nos espaços urbanos". Multiculturalidade, iniciativas comunitárias, arte, espaços urbanos, esporte – um mosaico de atividades foi apresentado, discutido, vivido. A educação infantil compareceu em algumas sessões. A convergência foi grande: brincar é cidadania, brincar é educação, brincar é vida. As crianças têm o direito de brincar.

Este livro pretende trabalhar para que todas as crianças possam exercer este direito, possam viver todas as possibilidades da infância, da criancice. Ser criança em 1985 era muito diferente de ser criança em 2005? Mudaram as expectativas dos pais? Mudaram as propostas dos educadores? Surgiram artefatos – computador, internet, celular –, novas mediações a estruturar as relações pessoais, a interferir no olho no olho. A vida nas grandes cidades complicou-se; a violência é um dado de convivência diária. Sendo o Brasil um país em perpétuo processo de desenvolvimento, sem nunca diminuir as enormes desigualdades, a educação para a cidadania não deveria começar desde a amamentação? E a identidade cultural, a arte brasileira, sua função germinal, quem pensa como imprescindível para uma criança de 2 anos? E que espaço educativo você escolheria para seu filho? Um terreno com árvores, grama, galinhas, pato, cachorro ou salas de piso plastificado, limpíssimas, com brinquedos industrializados, computador com teclado especial para crianças pequenas, ensino de inglês? O que é melhor para o desenvolvimento da sensibilidade e da mente de uma criança, de qualquer criança?

O desejo de formar pessoas que ajudem a fazer um mundo melhor. Começar desde pequenininho, a facilitar uma convivência de cooperação e companheirismo. Uma cultura de educação humanitária, uma cultura de paz. Toda nova geração pensa em educar os filhos de maneira diferente de seus pais: que eles sejam mais saudáveis, mais gentis, mais criativos, mais colaborativos, menos estressados, que respeitem a natureza e a vida.

Muitos pensam em preparar os filhos para o futuro mercado de trabalho, cada vez mais em transformação, acelerado pelos avanços da tecnologia. E aí vem o treino precoce em informática, o estímulo para a competitividade, a agenda pesada, com várias aulas ao longo do dia. O exagero com a segurança, pré-escolas em que o argumento "publicitário" é a mãe poder ver o filho ao vivo pela internet. A educação da infância não precisa de grandes aparatos tecnológicos. O que é mais vital para a criança e para os pais? É poder vigiar em tempo real o que o garotinho de 2 anos está fazendo numa sala de piso plastificado? Ou é o mesmo garotinho subir descalço numa prancha de madeira ou correr atrás de uma galinha, num ambiente ao ar livre, sem câmeras por perto?

Num quintal, com atividades aparentemente sem planejamento, crianças fazendo o que têm vontade, é possível introjetar atitudes ecológica e politicamente corretas. Isso porque elas vivem o respeito aos objetos, plantas e animais, o respeito aos colegas e aos adultos, e o respeito a si próprias. E sempre o limite está em cena na Te-Arte. Limite é um conceito que todos sentem no gesto, no olhar, na fala – inclusive na voz do pequenino de 4 anos que diz ao menino que o empurra: "Limite!" Ou ainda: "Respeito!" Poucos e claros: os limites estão inscritos nas normas de convivência.

Multiculturalidade é uma marca da Te-Arte: o erudito e o popular, a cultura da cidade e do campo das várias regiões do Brasil, a cultura indígena, a cultura da América Latina, a cultura européia e africana estão presentes no dia-a-dia e em cada objeto daquele mundo contido no espaço de um quintal. Também elementos de várias religiões convivem em música, dança e comemorações.

Nas grandes cidades brasileiras, as crianças perderam o espaço de brincar. Não se brinca na rua, não se brinca na praça, não se anda a pé na calçada. Vai-se de carro para a escola – mesmo que seja a três quadras de casa – para a natação, para a padaria, para o *shopping*, para a casa da avó. Brincadeira é ir ao parque de diversões dentro do *shopping*, é pular na piscina de bolinhas no bufê infantil, é pôr óculos escuros e dançar *rock* dos anos 1960 na festinha de aniversário.

O brincar descompromissado, a imaginação voando, o mexer com elementos naturais, onde? Peteca, boneca, pião, bicicleta têm vez? Cavalinho de madeira? Ao procurar escola para seus filhos, mais do que observar a última moda pedagógica ou verificar se há circuito interno de TV e areia antialérgica, seria bom que as perguntas dos pais sobre esse espaço fossem: tem verde? Tem terra para pisar? Tem animais? Tem tempo para brincar? Tem brinquedos não convencionais?

Brincar, criar, crescer – os verbos infantis por excelência. Para desenvolver o pensamento, é melhor ver como o besouro anda ou voa do que ser treinado a procurar ícones com um *mouse*. Nessa faixa etária, não são necessários professores explicadores; apenas adultos que favoreçam o exercício sensorial.

Escolas como a Te-Arte poderiam existir às centenas por esse Brasil. Talvez uma verdadeira revolução na educação infantil esteja a nosso alcance. Quer Therezita se trate de uma Montessori ou de uma Emilia Ferreiro (porque ela também é uma excelente alfabetizadora e desenvolveu uma série de táticas próprias, mas isto é uma outra história), a questão não se resume tanto em salientar sua obra, e sim em apontar o que pode ser transmitido a outros. Então, o importante é tentar mostrar para muitos educadores intuitivos que eles estão certos, que criança precisa de sensibilidade e de espaço para lidar com todos os seus sentidos, muito mais do que uma parafernália educacional. Esse também tem sido o trabalho da Therezita. Nesses anos todos, ela formou muitas pessoas que estão aplicando a vivência adquirida na Te-Arte em processos educativos e até em outras profissões. Por isso, a presença de algumas pessoas que lá trabalharam é imprescindível nesse documentário. Uns tiveram participação decisiva na construção dessa teia sensível, desse órgão vivo que é a escola. Outros, nem tanto. Mas cada um a seu modo contribuiu para o aperfeiçoamento dessa prática educativa tão cativante. A esses per-

De volta ao quintal mágico • 275

sonagens, que me permitiram traçar os contornos da Te-Arte, agradeço a colaboração.

É importante notar como um projeto educativo não formal, no sentido de não estar formulado como projeto – ainda que seja um visceral projeto de vida –, conseguiu formar tanta gente. Alguns colaboradores estão com ela há anos; contudo, existe muita gente que está aí pelo mundo, nas mais diversas atividades. Na Te-Arte puderam descobrir a criança que estava escondida dentro deles. Todos cresceram muito, mesmo conservando o que havia de precioso nessa criancice. Alguns se descobriram como educadores e como artistas de uma arte muito visceral e concreta e às vezes muito transcendente também. Gente que nunca pegara num instrumento se viu capaz de tocar um tambor e envolver um grupo de vinte crianças. Gente que nunca andara de pé no chão pôde sentir o molhado da terra pisando no chão bem de manhãzinha. Entretanto, principalmente os adultos viram as crianças no próprio ato de crescer e perceberam quanto elas ensinam a recuperar a vida.

Na festinha de aniversário, um abraço forte e acolhedor.

A troca de olhar cúmplice entre a sabedoria e a infância.

Bibliografia
(relativa a pedagogia, principalmente pré-escolar)

ABRAMOVICH, Fanny. *Quem educa quem?* São Paulo: Summus, 1985.

_____. *Teatricina.* Rio de Janeiro: MEC/SNT, 1979.

ALVES, Rubem. *A alegria de ensinar.* Campinas: Papirus, 2000.

_____. *A escola que sempre sonhei sem imaginar que pudesse existir.* Campinas: Papirus, 2001.

BARBOSA, Ana Mae T. Bastos. *Arte-educação: conflitos/acertos.* São Paulo: Max Limonad, 1984.

_____. *Arte-educação no Brasil: das origens ao Modernismo.* São Paulo: Perspectiva, 1978.

_____. *Teoria e prática da educação artística.* São Paulo: Cultrix, 1975.

BENENZON, Rolando O. *Musicoterapia y educación.* Buenos Aires: Paidós, 1971.

BERTHERAT, Therese e BERNSTEIN, Carol. *O corpo tem suas razões.* São Paulo: Martins Fontes, 1977.

CRATTY, Bryant S. *A inteligência pelo movimento.* São Paulo/Rio de Janeiro: Difel, 1975.

DI NELLO, Raimundo. *A expressão lúdica na educação da infância.* Santa Cruz do Sul: Apesc, 1984.

DOLTO, Françoise. *Psicanálise e pediatria.* Rio de Janeiro: Zahar, 1980.

FAURE, Edgar *et al. Aprender a ser.* Madri: Alianza/Unesco, 1974.

FREINET, Celestin. *A leitura pela imprensa na escola.* Lisboa: Dinalivro, 1977.

_____. *O jornal escolar.* Lisboa: Estampa, 1976.

_____. *O método natural: a aprendizagem da língua.* Lisboa: Estampa, 1977.

_____. *O texto livre.* Lisboa: Dinalivro, 1977.

FREINET, C. e SALENGROS, R. *Modernizar a escola.* Lisboa: Dinalivro, 1977.

FREINET, Elise. *O itinerário de Celestin Freinet.* Rio de Janeiro: Francisco Alves, 1979.

FREIRE, Madalena. *A paixão de conhecer o mundo*. Rio de Janeiro: Paz e Terra, 1983.

FREIRE, Paulo. *Educação e mudança*. 5. ed. Rio de Janeiro: Paz e Terra, 1979.

HARPER, Babette *et al*. *Cuidado, escola!* São Paulo: Brasiliense, 1980.

HOWARD, Walter. *A música e a criança*. São Paulo: Summus, 1984.

KORCZAK, Janusz. *Quando eu voltar a ser criança*. São Paulo: Summus, 1981.

KREISLER, L. *et al*. *A criança e seu corpo*. Rio de Janeiro: Zahar, 1981.

LOWENFELD, Viktor. *A criança e sua arte*. São Paulo: Mestre Jou, 1977.

LOWENFELD, Viktor e BRITTAIN, W. L. *Desenvolvimento da capacidade criadora*. São Paulo: Mestre Jou, 1977.

MATURANA, Umberto R. e VERDEN-ZÖLLER, Gerda. *Amar e brincar – Fundamentos esquecidos do humano*. São Paulo: Palas Athena, 2004.

MEREDIEU, Florence de. *O desenho infantil*. São Paulo: Cultrix, 1979.

NEIL, A. S. *Liberdade sem excesso*. 8. ed. São Paulo: Ibrasa, 1976.

_____. *Liberdade sem medo*. São Paulo: Ibrasa, 1980.

_____. *Liberdade no lar*. 3. ed. São Paulo: Ibrasa, 1973.

OLIVEIRA, Paulo de S. *Brinquedo e indústria cultural*. Petrópolis: Vozes, 1986.

OLIVEIRA LIMA, Lauro de. *O enfant sauvage de lllich numa sociedade sem escolas*. Petrópolis: Vozes, 1975.

PEARCE, Joseph C. *A criança mágica*. Rio de Janeiro: Francisco Alves, 1982.

PEREIRA, William César Castilho e PEREIRA, Maria Antonieta. *Uma escola no fundo do quintal: cooperativa mangueira*. Petrópolis: Vozes, 1985.

PIAGET, Jean. *A formação do símbolo na criança*. 2. ed. Rio de Janeiro: Zahar, 1975.

_____. *O raciocínio na criança*. 3. ed. Rio de Janeiro: Record, s/d.

_____. *Psicologia e pedagogia*. Rio de Janeiro: Forense Universitária, 1975.

PICCOLATTO, Leslie *et al*. *A comunicação em jogo*. São Paulo: Loyola, 1976.

POSTMAN, Neil. *O desaparecimento da infância*. Rio de Janeiro: Graphia, 1999.

READ, Herbert. *A redenção do robô*. São Paulo: Summus, 1986.

SIMONT, Marc. *Um menino de olho no mundo*. Rio de Janeiro: José Olympio, 1977.

SONZOGNO, Maria Cecília. "O esquecido profissional do pré-escolar". *Revista da Associação Nacional de Educação ANDE*, ano I, n 1. São Paulo: 1981.

VÁRIOS AUTORES. *A pedagogia Freinet para aqueles que a praticam*. Lisboa: Martins Fontes, s/d.

_____. *A pedagogia Freinet por aqueles que a praticam*. Santos: Martins Fontes, 1976.

WHITE, Sheldon e WHITE, Barbara N. *Crianças, os caminhos da descoberta*. São Paulo: Abril, 1981.

WINNICOT, D. W. *A criança e seu mundo*. 4. ed. Rio de Janeiro: Zahar, 1977.

www.gruposummus.com.br

IMPRESSO NA
sumago gráfica editorial ltda
rua itauna, 789 vila maria
02111-031 são paulo sp
tel e fax 11 **2955 5636**
sumago@sumago.com.br